Aunque usted no lo quiera admitir ante nadie, usted sabe que hay áreas en su personalidad dignas de ser mejoradas. Tal vez se sale muy fácil de sus casillas. . . o es olvidadizo. . . o puede ser que no hable con nadie. . . o que hable demasiado. En el libro "Enriquezca su Personalidad" la experta en asuntos de personalidad Florence Littauer examina las fortalezas y las debilidades de los cuatro temperamentos que forman la personalidad: el Colérico, el Sanguíneo, el Melancólico y el Flemático, y demuestra como nuestras personalidades son una mezcla de todos los cuatro. Este libro que es un tratado informativo y a la vez lleno de situaciones chistosas incluye un perfil de la personalidad, el cual es un método rápido y ameno para abrir los lugares secretos de su interior,- esos razgos y características que hacen de usted una persona especial.

Florence Littauer comparte anécdotas chistosas y sabias observaciones que le darán a usted una apreciación de la manera como Dios ha ordenado las diferencias de personalidad. Al leer este libro usted aprenderá a confiar en El para que le ayude a cambiar sus debilidades convirtiéndolas en fortalezas y a descubrir el secreto de como traer armonía en todas las relaciones interpersonales. "Enriquezca su Personalidad", es la erramienta que usted necesita para cambiar su vida, para bien, y las vidas de los que están a su alrededor.

D0950808

ENRIQUEZCA SU
PERSONALIDAD

FLORENCE LITTAUER

EDITORIAL
UNILIT

Publicado por
Editorial **Unilit**
Miami, Fl. U.S.A.
Derechos reservados

Primera edición en español 1993

© 1983 por Fleming H. Revell Company
Originalmente publicado en inglés con el título:
Personality Plus, por Fleming H.
Revell Company, a division of
Baker Book House, Grand Rapids, MI 49516 U.S.A.
© 1983 por Florence Littauer.
Traducido al español por: Rosemary J. de Muñoz

Citas bíblicas tomadas de la Biblia
Revisión de 1960 © Sociedades Bíblicas en América Latina.
Otras citas bíblicas tomadas de la Biblia al Día
© 1979 *Living Bibles International.*
Usadas con permiso.

Cubierta diseñada por: Ron Kincaid

Producto 498498
ISBN 1-56063-317-4
Impreso en Colombia
Printed in Colombia

INDICE

Agradecimientos 7

Parte I   EL PERFIL DE LA PERSONALIDAD: Un Método
          Sencillo para Autoexaminarse

          1   Usted es Unico 11
          2   El Perfil de Su Personalidad 17

Parte II NUESTRO POTENCIAL PERSONAL: Una Evaluación
          de Nuestras Fuerzas Positivas

          3   A Gozarnos con El Sanguíneo 26
          4   Organicémonos con el Melancólico 42
          5   Examinemos Nuestras Emociones 57
          6   A Movernos con el Colérico 61
          7   Relajémonos con el Flemático 73

Parte III PLAN DE PERSONALIDAD: Unas Pautas para
          Ayudarnos a Superar Nuestras Debilidades

          Introducción: Los Aspectos Positivos Llevados a un
          Extremo Llegan a ser Debilidades

          8   Organicemos al Sanguíneo 95
          9   Animemos al Melancólico 113
          10 Bajémosle el Tono al Colérico 126
          11 Motivemos al Flemático 142

Parte IV   LOS PRINCIPIOS DE LA PERSONALIDAD: Unas
           Pautas para Mejorar sus Relaciones con Otros
           12   Cada Persona es una Combinación Unica . . 156
           13   No Nos Gusta que Nos Limten 161
           14   Los Temperamentos Opuestos
                se Atraen entre Sí 170
           15   Podemos Identificar las Diferencias
                que Hay en Otros 180
           16   Cómo Llevarse Bien con Otros 187

Parte V   EL PODER DE LA PERSONALIDAD: Una Fuente de
           Fortaleza para Conseguir Nuestro Potencial
           17   Personalidad más Poder Produce Personas
                Positivas 205

Agradecimientos

Hace quince años un amigo me regaló una copia de *Temperamentos Controlados por el Espíritu* escrito por Tim LaHaye y me pidió que lo leyera. Instantáneamente quedé facinada con los cuatro temperamentos, teoría originada por Hipócrates cuatrocientos años antes que Cristo naciera. A medida que lo leía, encontré la descripción de una persona como yo y luego la de una como Fred eran tantas las similitudes que me pareció que el autor nos conocía de una manera secreta. Aunque nunca había tenido la oportunidad de conocer a Tim LaHaye sentía la necesidad de hablar con un hombre de semejante capacidad de percepción. Antes de un año nuestros caminos se cruzaron y ambos nos encontramos dictando conferencias en el mismo seminario. Tim era tan dinámico e interesante como yo había esperado que fuera y me animó a proseguir en mis estudios de los cuatro temperamentos.

Después de estos cuatro años de enseñanza y consejería, los he recopilado en *Enriquezca su Personalidad, y dedico este libro a Tim LaHaye* quien en primer lugar me inspiró. Estoy de acuerdo con lo que me dijo en una carta:

Estoy convencido más ahora que cuando escribí el libro que la teoría de los cuatro temperamentos es la que mejor explica el comportamiento humano.

Muchas gracias, Tim LaHaye por animarme.

FLORENCE LITTAUER

Parte I

PERFIL DE LA PERSONALIDAD

Un Método Sencillo para Autoexaminarse

1

Usted es Unico

Todos queremos tener una mejor personalidad. En nuestra fantasía nos imaginamos transformados en deslumbrantes y elegantes aristócratas. Ya no tropezamos ni nos equivocamos ni dejamos caer las cosas ni volteamos el vaso; conversamos, cautivamos, encantamos, e inspiramos a los demás. Cuando termina el show, desconectamos nuestra imaginación y continuamos de nuevo con la vida real. Mientras miramos fijamente la pantalla en blanco, nos preguntamos: ¿Por qué cancelaron nuestra "telenovela"?; ¿Por qué hemos sido reemplazados por nuevos actores que represen tan sus papeles con confianza?; ¿Por qué a nosotros nos toca el papel de personas desadaptadas?

Asistimos a seminarios de orientación que prometen transformarnos en deslumbrantes conversadores dentro de veinticuatro horas; a experiencias de análisis personal que nos convertirán en pequeños dioses poderosos; o a cursos para fortalecer nuestra sensibilidad la cual nos abrirá un futuro fantástico. Vamos esperando milagros y regresamos a casa desilusionados. No cuadramos en el molde de la persona fascinante, llena de potencial, que es presentada como el modelo. Tenemos diferentes deseos, capacidades y temperamentos – y no podemos ser tratados de la misma manera.

No existen dos personas idénticas. Si todos fuéramos huevos idénticos en una caja, una gigantesca gallina podría empollarnos y seríamos pollitos idénticos; pero todos somos distintos. Todos nacimos con nuestros propios puntos fuertes y nuestras propias debilidades y ninguna fórmula mágica obra en cada uno de nosotros. Hasta que reconozcamos que cada persona es única, no podremos entender cómo otras personas pueden asistir al mismo seminario, escuchar al mismo conferencista durante la misma cantidad de tiempo y todos lograr diferentes grados de éxito.

Enriquezca su personalidad tratando a cada persona como una combinación individual, de los cuatro temperamentos básicos y nos anima a conocer el *verdadero yo* antes de intentar cambiar las manifestaciones de nuestro temperamento.

Lo que somos en nuestro interior es lo más importante: Cuando Miguel Angel se preparaba para esculpir la estatua de David, empleó mucho tiempo en escoger el mármol, porque compren día que la belleza del producto final dependía de la calidad de la materia prima. Sabía que podría cambiar la forma de la piedra, pero no podría transformar la composición básica de ella.

Cada obra maestra de Miguel Angel era única, porque nunca hubiera podido encontrar dos piedras de mármol idénticas. Aun si hubiera sacado dos bloques de mármol de la misma cantera, éstos no hubieran sido idénticos. Similares, sí, pero no idénticos.

Cada uno de nosotros es único: Nacimos con una combinación de características las cuales nos hacen distintos de nuestros hermanos y hermanas. Año tras año nos han martillado, golpeado, astillado, lijado y pulido. Justo cuando pensamos que ya éramos perfectos, alguien empezaba a moldearnos de nuevo. De vez en cuando disfrutamos de un día en el parque, cuando todos los transeúntes nos admiraban y nos consentían, pero a veces se han burlado de nosotros, nos han analizado o peor aún, nos han ignorado.

Todos nacimos con nuestros propios rasgos temperamentales, nuestra materia prima, nuestra propia clase de piedra. Algunos somos como el granito, otros como el mármol y otros como la piedra arenosa. La clase de piedra con la que hemos sido hechos, no cambia, pero puede ser reformada. Así es con nuestras persona lidades. Empezamos con nuestro temperamento exclusivo, heredado de nuestros padres. Algunas de nuestras cualidades son bellas como hebras de oro. Otras tienen defectos como hebras oxidadas. Nuestras circunstancias, el cociente de inteligencia, la nacionalidad, la situación económica, el medio ambiente y la influencia de nuestros padres son factores que moldean nuestra personalidad, pero la piedra básica queda lo mismo.

Mi temperamento es el "yo" verdadero; mi personalidad es la fachada con que cubro mi verdadero "yo". Por la mañana puedo mirarme en el espejo y ver una cara no muy atractiva, cabello liso, y un cuerpo gordo. Ese es el verdadero yo. Afortunadamente, puedo aplicar maquillaje para dar más vida a mi cara; puedo arreglar mi cabello usando un rizador; y puedo colocarme un vestido que me favorece para disimular las curvas pronunciadas. He tomado el verdadero yo y lo he adornado, pero el cambio no es permanente.

Si sólo pudiéramos entendernos:

• Saber de **QUE** somos hechos,
• Saber **QUIENES** somos realmente,
• Saber **POR QUE** reaccionamos como lo hacemos,
• Saber nuestros **PUNTOS FUERTES** y cómo desarrollarlos,
• Saber nuestras **DEBILIDADES** y cómo superarlas.

¡Podemos! *Enriquezca su personalidad* nos mostrará cómo autoexaminarnos, cómo desarrollar nuestros puntos fuertes y cómo superar nuestras debilidades. Cuando sepamos quiénes somos y porqué obramos como lo hacemos, podemos empezar a comprender nuestro verdadero yo, mejorar nuestra personalidad, y aprender cómo llevarnos bien con los demás. No intentaremos imitar a otra persona, usando un vestido más vistoso o una corbata nueva o lamentándonos de la clase de piedra de la cual somos hechos. Vamos a hacer lo mejor posible con la materia prima disponible.

En estos últimos años se ha encontrado maneras de hacer muy buenas copias de algunas estatuas clásicas y en cualquier almacén grande de regalos se puede encontrar decenas de estatuas de

David, de Julio César y de Cleopatra. Imitaciones abundan pero **usted** es **UNICO**.

¿Por dónde empezar? ¿Cuántos de ustedes tienen el complejo de Miguel Angel? ¿Cuántos ven otras personas como materia prima, listas para ser esculpidas bajo su mano experta? ¿Cuántos pueden pensar en por lo menos una persona que podrían arreglar, si sólo escuchara sus sabias palabras? ¿El está ansioso de escucharlos?

Si fuera posible reformar a las demás personas, mi esposo, Fred y yo seríamos perfectos, porque nos dedicamos a pulirnos mutuamente desde el principio de nuestro matrimonio. Yo sabía que si sólo se relajara y se divirtiera, podríamos tener un buen matrimonio; pero él quería que yo me pusiera más seria y organizada. ¡Durante nuestra luna de miel descubrí que Fred y yo ni siquiera estábamos de acuerdo sobre la manera correcta de comer uvas!

Siempre me había gustado tomar un racimo de uvas verdes y coger cualquier uva que me apeteciera. Hasta que me casé con Fred, no sabía que existían "Reglas para comer uvas". No sabía que para cada sencillo placer de la vida hay una manera correcta de disfrutarlo. La primera vez que Fred mencionó la "regla de las uvas", yo estaba sentada en el patio de una casita en Bermuda, mirando el mar y arrancando distraídamente uvas de un racimo grande. No me di cuenta que Fred analizaba mi manera poco metódica de comer uvas hasta que me preguntó: "¿Te gustan las uvas?".

"¡Me encantan las uvas!".

"¿Entonces supongo que querrás saber la manera correcta de comerlas?".

Con eso me desperté de mi sueño romántico e hice una pregunta que llegó a formar parte de una costumbre habitual: "¿Qué hice mal?".

"No es que lo estás haciendo *mal*; sólo que *no* lo haces correctamente". No pude entender la diferencia, pero lo expresé a su manera.

"¿Qué es lo que no hago correctamente?".

"Todo el mundo sabe que para comer uvas correctamente, hay que cortarlas racimito por racimito, así".

Fred sacó su cortaúñas y cortó un racimito de uvas y me lo entregó.

Mientras se paró mirándome tan satisfecho de sí mismo, pregunté, "¿Y así saben mejor?".

"No tiene nada que ver con el sabor. Es para que el racimo mantenga su forma por más tiempo. La manera en que *tú* las comes arrancando uvas de acá y allá destroza el racimo. ¡Mira como lo tienes! ¿Ves esos tallitos desnudos, despuntando por todos lados? Dañan la forma de todo el racimo". Eché una mirada al patio a ver si había un jurado escondido esperando inscribir mi racimo de uvas en un concurso y no viendo a nadie, dije: "¿A quién le importa?".

Todavía no había aprendido que no se decía la frase "¿A quién le importa?" a Fred, porque lo hacía enrojecer y suspirar en desesperación, "a *mí* me importa y eso debe ser suficiente".

A Fred le importa cada detalle de la vida y parecía que mi presencia en su familia dañaba la forma de todo el racimo. Para ayudarme, Fred decidió perfeccionarme. En lugar de apreciar su sabiduría, yo intentaba sabotear su estrategia y con mucha sutileza cambiarle a él para que fuera más como yo. Durante años, Fred cincelaba y martillaba mis debilidades –y yo lijaba constantemente sus fallas– pero ninguno de los dos mejoramos.

Fue cuando leímos *"Temperamentos controlados por el Espíritu"* (Editorial Unilit) escrito por Tim LaHaye que entendimos lo que estábamos haciendo. Cada uno intentaba reformar al otro. No comprendimos que alguien podría ser diferente sin estar equivocado. Me di cuenta que soy una típica sanguínea a quien le fascina lo divertido y lo emocionante; Fred es un melancólico que prefiere una vida seria y ordenada.

Al estudiar el tema de los temperamentos más a fondo, descubrimos que ambos teníamos un poco de temperamento colérico, la clase de persona que siempre tiene la razón y lo sabe todo. ¡No es extraño que no siempre nos llevamos bien! No sólo éramos opuestos en nuestras personalidades e intereses, sino que cada uno sabía que era el único que tenía la razón. ¿Puede imaginarse un matrimonio así?

Que alivio encontrar que *había* esperanza para nosotros; que *podríamos* comprender el temperamento del otro y aceptar la personalidad del otro. Mientras cambiaban nuestras vidas, empezamos a enseñar, investigar y escribir sobre el tema de los temperamentos. *"Enriquezca su personalidad"* es la culminación de quince años de enseñanza y consejería, además de la observación diaria de los temperamentos de muchas personas. Este libro presenta una clase de sicología en terminología fácil y agradable para que podamos:

1. Examinar nuestros puntos fuertes y débiles y aprender cómo realzar los aspectos positivos de nuestro temperamento y eliminar los negativos.

2. Comprender a otras personas y entender que el hecho de que alguien sea diferente no quiere decir que esté equivocado.

Para descubrir nuestra propia materia prima y comprender nuestros temperamentos básicos, examinaremos los tipos de temperamentos propuestos por Hipócrates hace veinticuatro siglos. Nos divertiremos con los sanguíneos (quienes exudan entusiasmo), nos pondremos serios con los melancólicos (quienes buscan la perfección), iremos adelante con los coléricos (quienes son líderes natos), nos relajaremos con los Flemáticos (quienes están felizmente reconciliados con la vida).

Si tenemos como meta mejorar nuestra personalidad, podemos esperar manifestar el fruto del Espíritu Santo en nuestras vidas.

El Espíritu produce amor, alegría, paz, paciencia, amabilidad, bondad, fidelidad, humildad y dominio propio.

Gálatas 5:22, 23.

2

El Perfil de Su Personalidad

Antes de estudiar los cuatro temperamentos básicos, quiero que dedique unos minutos para responder a la "prueba de temperamento", preparado por Fred. Cuando haya respondido las cuarenta preguntas según las instrucciones, anote sus respuestas en la hoja de resultados y luego sume. Si es un sanguíneo y las columnas le aturden, pida a un serio melancólico que ve la vida como una serie de estadísticas, que sume sus puntos fuertes y sus puntos débiles.

Nadie es cien por ciento uno de los cuatro temperamentos, pero su puntaje le dará un cuadro acertado de las características fuertes de su temperamento así como de sus debilidades. Si tiene el mismo puntaje en cada columna probablemente sea un flemático, la persona polifacética.

Su perfil personal es diferente al de todos los demás, pero la información general de su temperamento le ayudará a comprenderse a sí mismo y a aceptar a los demás como son. Anime a su familia y amigos a autoanalizarse y el resultado será entretenido y revelador.

Ahora que conoce los resultados del test de su temperamento, tiene una buena idea de cuáles son sus rasgos inherentes –características innatas que le impulsan a obrar como lo hace. Para comprender mejor el *verdadero* usted, lea los siguientes cinco capítulos y aprenderá algo nuevo acerca de sí mismo.

Cuando venga el Espíritu de verdad, él os guiará a toda la verdad.

Juan 16:13

Su Perfil Personal

INSTRUCCIONES: En cada una de las siguientes líneas de cuatro palabras, coloque una X delante de la palabra que más se aplica a usted. Continúe hasta terminar las cuarenta líneas.

Fortalezas

1 __Animado	__Aventurero	__Analítico	__Adaptable
2 __Persistente	__Juguetón	__Persuasivo	__Plácido
3 __Sumiso	__Abnegado	__Sociable	__Decidido
4 __Considerado	__Controlado	__Competitivo	__Convincente
5 __Entusiasta	__Respetuoso	__Reservado	__Inventivo
6 __Contento	__Sensible	__Autosuficiente	__Enérgico
7 __Planificador	__Paciente	__Positivo	__Activista
8 __Seguro	__Espontáneo	__Puntual	__Tímido
9 __Ordenado	__Atento	__Abierto	__Optimista
10 __Amigable	__Fiel	__Chistoso	__Dominante
11 __Osado	__Encantador	__Diplomático	__Detallista
12 __Alegre	__Constante	__Culto	__Confiado
13 __Idealista	__Independiente	__Inofensivo	__Inspirador
14 __Cálido	__Decisivo	__Humor Seco	__Introspectivo
15 __Conciliador	__Músico	__Instigador	__Cordial
16 __Considerado	__Tenaz	__Hablador	__Tolerante
17 __Escucha	__Leal	__Líder	__Vivaz
18 __Contento	__Jefe	__Organizado	__Listo
19 __Perfeccionista	__Tolerante	__Productivo	__Popular
20 __Jovial	__Atrevido	__Se comporta bien	__Equilibrado

Debilidades

21 __Estridente	__Mandón	__Apocado	__Soso
22 __Indisciplinado	__Antipático	__Sin entusiasmo	__Implacable
23 __Reticente	__Resentido	__Resistente	__Repetidor
24 __Exigente	__Temeroso	__Olvidadizo	__Franco

25 __Impaciente	__Inseguro	__Indeciso	__Interrumpe
26 __Impopular	__No compromete	__Imprevisible	__Frío
27 __Terco	__Descuidado	__Difícil contentar	__Tolerante
28 __Insípido	__Pesimista	__Orgulloso	__Vacilante
29 __Iracundo	__Sin motivación	__Argumentador	__Taciturno
30 __Ingenuo	__Negativo	__Nervioso	__Desprendido
31 __Ansioso	__Abstraído	__Adicto al trabajo	__Indiferente
32 __Susceptible	__Indiscreto	__Tímido	__Manipulador
33 __Dudoso	__Desorganizado	__Dominante	__Escéptico
34 __Inconsistente	__Introvertido	__Intolerante	__Emocional
35 __Desordenado	__Moroso	__Quejumbroso	__Atolondrado
36 __Lento	__Testarudo	__Ostentoso	__Precipitado
37 __Solitario	__Prepotente	__Perezoso	__Variable
38 __Sin ambición	__Suspicaz	__Malgeniado	__Divagador
39 __Vengativo	__Inquieto	__Reacio	__Precipitado
40 __Comprometido	__Crítico	__Astuto	__Variable

Ahora anote cada X en la hoja de resultados y sume cada columna.

Hoja de Resultados

Fortalezas

	SANGUINEO	COLERICO	MELANCOLICO	FLEMATICO
1	__Animado	__Aventurero	__Analítico	__Adaptable
2	__Juguetón	__Persuasivo	__Persistente	__Plácido
3	__Sociable	__Decidido	__Abnegado	__Sumiso
4	__Convincente	__Competitivo	__Considerado	__Controlado
5	__Entusiasta	__Inventivo	__Respetuoso	__Reservado
6	__Enérgico	__Autosuficiente	__Sensible	__Contento
7	__Activista	__Positivo	__Planificador	__Paciente
8	__Espontáneo	__Seguro	__Puntual	__Tímido
9	__Optimista	__Abierto	__Ordenado	__Atento
10	__Humorístico	__Dominante	__Fiel	__Amigable
11	__Encantador	__Osado	__Detallista	__Diplomático
12	__Alegre	__Confiado	__Culto	__Constante

13 __Inspirador	__Independiente	__Idealista	__Inofensivo
14 __Cálido	__Decisivo	__Introspectivo	__Humor Seco
15 __Cordial	__Instigador	__Músico	__Conciliador
16 __Hablador	__Tenaz	__Considerado	__Tolerante
17 __Vivaz	__Líder	__Leal	__Escucha
18 __Listo	__Jefe	__Organizado	__Contento
19 __Popular	__Productivo	__Perfeccionista	__Permisivo
20 __Jovial	__Atrevido	__Se comporta bien	__Equilibrado

Total   ____   ____   ____   ____

Debilidades

SANGUINEO	COLERICO	MELANCOLICO	FLEMATICO
21 __Estridente	__Mandón	__Apocado	__Soso
22 __Indisciplinado	__Antipático	__Sin entusiasmo	__Implacable
23 __Repetidor	__Resistente	__Resentido	__Reticente
24 __Olvidadizo	__Franco	__Exigente	__Temeroso
25 __Interrumpe	__Impaciente	__Inseguro	__Indeciso
26 __Imprevisible	__Frío	__No comprometido	__Impopular
27 __Descuidado	__Terco	__Difícil contentar	__Vacilante
28 __Tolerante	__Orgulloso	__Pesimista	__Insípido
29 __Iracundo	__Argumentador	__Sin motivación	__Taciturno
30 __Ingenuo	__Nervioso	__Negativo	__Desprendido
31 __Egocéntrico	__Adicto al trabajo	__Abstraído	__Ansioso
32 __Hablador	__Indiscreto	__Susceptible	__Tímido
33 __Desorganizado	__Dominante	__Deprimido	__Dudoso
34 __Inconsistente	__Intolerante	__Introvertido	__Indiferente
35 __Desordenado	__Manipulador	__Moroso	__Quejumbroso
36 __Ostentoso	__Testarudo	__Escéptico	__Lento
37 __Emocional	__Prepotente	__Solitario	__Perezoso
38 __Atolondrado	__Malgeniado	__Suspicaz	__Sin ambición
39 __Inquieto	__Precipitado	__Vengativo	__Poca voluntad
40 __Variable	__Astuto	__Comprometedor	__Crítico

Total   ____   ____   ____   ____

Unido

Total   ____   ____   ____   ____

Parte II

Nuestro Potencial Personal:

Una Evaluación de Nuestras Fuerzas Positivas

Ha completado la prueba. Ahora sabe cuál tipo de personalidad o combinación tiene. Lo siguiente es un resumen de las fortalezas de cada temperamento. ¡Estoy segura que no sabía que tenía tanto a su favor! Ahora que sabe cuáles son sus fortalezas particulares –haga que trabajen a su favor.

SANGUINEO

El extrovertido   *El hablador*   *El optimista*

Fortalezas

LAS EMOCIONES DEL SANGUINEO

Personalidad atractiva
Conversador, anecdotista
El alma de la fiesta
Buen sentido del humor
Ojo para los colores
Toca a la gente cuando habla
Entusiasta y demostrativo
Alegre y burbujeante
Curioso
Buen actor
Ingenuo e inocente
Vive por el momento
Un carácter variable
En el fondo es sincero
Siempre es un niño

EL SANGUINEO COMO PADRE

Hace que la vida en casa sea divertida
Los amigos de sus hijos lo quieren
Convierte los desastres en situaciones divertidas
Es el director del circo

EL SANGUINEO EN SU TRABAJO

Se ofrece a trabajar
Planea nuevos proyectos
Creativo
Tiene energía y entusiasmo
Causa buena impresión inicial
Inspira a los demás
Convence a otros a que trabajen

EL SANGUINEO COMO AMIGO

Hace amigos con facilidad
Tiene don de gentes
Le encantan los cumplidos
Parece excitante
Envidiado por los demás
No guarda rencor
Se disculpa rápidamente
Anima las reuniones
Le gustan las actividades espontáneas

MELANCOLICO

El introvertido　　　*El pensador*　　　*El pesimista*

Fortalezas

LAS EMOCIONES DEL MELANCOLICO

Profundo y pensador
Analítico
Serio y determinado
Propenso a ser un genio
Talentoso y creativo
Filósofo y poeta
Aprecia todo lo bello
Sensible a otros
Abnegado
Meticuloso
Idealista

EL MELANCOLICO COMO PADRE

Establece normas elevadas
Quiere que todo se haga correctamente
Mantiene ordenada su casa
Recoge el desorden de los hijos
Se sacrifica por los demás
Fomenta el talento y el estudio

EL MELANCOLICO EN SU TRABAJO

Prefiere seguir un horario
Perfeccionista
Detallista
Persistente y concienzudo
De hábitos ordenados
Económico
Anticipa problemas potenciales
Descubre soluciones creativas
Necesita terminar lo que empieza
Le encantan las gráficas, mapas, listas, etc

EL MELANCOLICO COMO AMIGO

Escoge sus amigos cuidadosamente
Prefiere quedar entre bastidores
Evita llamar la atención a sí mismo
Fiel y leal
Atento a las quejas
Soluciona los problemas ajenos
Se interesa por los demás
Se conmueve fácilmente
Busca la pareja ideal

COLERICO

El extrovertido   *El activista*   *El optimista*

Fortalezas

LAS EMOCIONES DEL COLERICO

Líder nato
Dinámico y activo
Una necesidad compulsiva para el cambio
Actúa con rapidez
Quiere corregir las injusticias
Impasible
No se desanima fácilmente
Independiente y autosuficiente
Confiado en sí mismo
Puede manejar cualquier proyecto

EL COLERICO COMO PADRE

Ejerce liderazgo sólido
Establece metas
Motiva su familia a actuar
Sabe la respuesta correcta
Organiza el hogar

EL COLERICO EN SU TRABAJO

Se propone metas
Organiza bien
Busca soluciones prácticas
Actúa con rapidez
Delega el trabajo
Exige productividad
Cumple lo propuesto
Estimula actividad
Le interesa poco la oposición

EL COLERICO COMO AMIGO

Poco amigable
Organiza el trabajo en grupo
Dispuesto a liderar
Casi siempre tiene razón
Se destaca en emergencias

FLEMATICO

El introvertido   El observador   El pesimista

Fortalezas

LAS EMOCIONES DEL FLEMATICO

Personalidad tranquila
Sereno y relajado
Imperturbable
Paciente, equilibrado
Una vida consistente
Callado pero de buen humor
Amable y compasivo
No muestra sus emociones
Contento con su vida

EL FLEMATICO COMO PADRE

Es buen padre
Dedica tiempo a sus hijos
No tiene afán
No se inquieta fácilmente

EL FLEMATICO EN SU TRABAJO

Competente y estable
Apacible y simpático
Tiene capacidades administrativas
Mediador
Evita conflictos
Trabaja bien bajo presión
Busca el camino fácil

EL FLEMATICO COMO AMIGO

Es de buen talante
Discreto
Dispuesto a escuchar
Disfruta observando a la gente
Tiene muchos amigos
Es compasivo y comprensivo

3

A Gozarnos con El Sanguíneo

¡Cuánto necesita el mundo del sanguíneo!

El levantador del ánimo en tiempos difíciles.
El toque de inocencia en una era desmoronada.
La palabra divertida cuando estamos agobiados.
El humor cuando estamos tristes.
El destello de esperanza que disipa
  nuestras nubes negras.
El entusiasmo y energía para
comenzar una y otra vez
La creatividad y encanto que
le da color a un día gris.
La ingenuidad de un niño en
situaciones complejas.

El sanguíneo vive en las nubes: Le encantan los cuentos de hadas de la vida y quiere vivir feliz para siempre.

   Los típicos sanguíneos son emocionales y demostrativos, hacen del trabajo una diversión, y les encanta estar con otras personas. Encuentran algo emocionante en cada experiencia, y lo recuentan con lujo de detalles vividos. Son extrovertidos y optimistas.

Un día cuando conducía por la autopista acompañada por mi melancólico hijo, Fred, noté que los lados de la carretera estaban cubiertos con lindas margaritas blancas. "¡Mire esas flores tan lindas!". exclamé. Cuando Fred miró por la ventanilla, su mirada cayó en una mala hierba grande y dijo, "Sí, pero mira esa mala hierba". Quedó pensativo por unos minutos y luego me preguntó,"¿Por qué tú siempre ves las flores, y yo siempre veo la mala hierba?". Los de temperamento sanguíneo ven las flores. Los sanguíneos siempre esperan lo mejor.

Niños sanguíneos. Puesto que nacemos con nuestra propia combinación de rasgos temperamentales, éstos empiezan a manifestarse muy temprano en nuestra vida. Los sanguíneos instintivamente buscan diversión y desde pequeños, tienden a ser curiosos y alegres. El bebé sanguíneo juega con todo lo que encuentra, se ríe y gorjea, y le gusta estar con otras personas.

Nuestra hija Marita es de temperamento sanguíneo y desde que nació ha tenido un sentido de humor encantador. Sus grandes ojos brillaron al momento en que los abrió. Hace poco, cuando organizamos las fotografías tomadas cada año desde que era bebé, pudimos ver en todas ellas esa mirada traviesa que a veces le ha causado problemas pero también ha llenado nuestro hogar de alegría. La boca de Marita siempre estaba moviéndose y tenía mucho talento creativo. Coloreaba todo lo que encontraba a mano, incluyendo las paredes. Cuando nos mudamos de Connecticut, quise llevar conmigo la pared del sótano, porque Marita la había decorado con pequeñas huellas de su mano luego de derramar en el piso un frasco de pintura. Hoy Marita es una decoradora de interiores y una conferencista excelente.

Personalidad atractiva. Los sanguíneos no necesariamente son más talentosos o tienen más oportunidades que los de otros temperamentos, sino que siempre parece que disfrutan más de la vida.

Su personalidad extrovertida y su carisma natural atraen a las demás personas. Los niños sanguíneos están siempre acompañados por un grupo de pequeños admiradores, ansiosos de no perder la acción. Cuando niña, nuestra hija Marita siempre estaba haciendo algo interesante. Mientras los demás jugaban con carritos o muñecas, ella construyó un pueblo entero en la colina detrás de nuestra casa. Bajo su dirección, ella y sus amigos diseñaron calles y nivelaron lotes. El primer edificio fue un banco surtido con dinero del juego de monopolio. Para poder jugar cada niño tuvo que entregar un dólar *verdadero* para comprar acciones en el banco y recibir dinero *falso*. Con los dólares, ella compró piezas de rompecabezas y los vendía a los otros para construir sus casas. Cada lote tenía un precio diferente, según su localización y los niños con más dinero compraron los mejores lotes.

Los niños subían y bajaban nuestra colina constantemente. Yo no sabía que usaban dinero verdadero, hasta que Freddie, de cinco años, quiso venderme unas flores para conseguir suficiente dinero para "comprar su acción". Había colinas en todo el vecindario donde cada niño hubiera podido construir gratis su propio pueblo, pero Marita había declarado nuestra colina como "propiedad exclusiva," y era el *mejor* lugar para vivir.

Al crecer, los sanguíneos siguen siendo el centro de toda actividad. Hacen el papel principal en las obras dramáticas en el colegio y son elegidos como el alumno con más posibilidad de tener éxito en la vida. En la oficina llaman la atención sobre sí mismos, organizan fiestas, y compran las decoraciones de Navidad. Donde la vida es aburrida, ellos ponen un poquito de emoción.

Como madres, las sanguíneas hacen que la vida hogareña sea divertida y atraen niños como el flautista Pied. Puesto que los sanguíneos se lucen más en proporción al tamaño del grupo, tienen la tendencia de guardar su mejor actuación para cuando tienen una audiencia apropiada. Preferirían leer un cuento con mucha dramatización a un salón lleno de niños que leerlo tranquilamente a sus propios hijitos.

Mary Alice, una joven madre, me contó en una conferencia que ella fue el éxito del vecindario –en realidad, de la ciudad – cuando averiguó que por cincuenta y dos dólares podía comprar cuatrocientos globos y un cilindro de helio. Organizó una fiesta de cumpleaños para su hija y todos los pequeños invitados tomaron turno para llenar los globos y soltarlos. Para cuando cuatrocientos globos flotaban en el aire, hablaban de su fiesta en toda la ciudad.

Sin embargo, a veces las actividades emocionantes de los sanguíneos se les van de la mano. Una madre creativa me contó que ella era muy popular con los niños del vecindario porque siempre organizaba algo interesante en su casa para ellos. Un día ella dijo a los niños reunidos en su casa que había elefantes en el patio, así que debían esconderse. Sonó el timbre, y ella caminó a gatas a abrir la puerta. Al abrirlo se encontraba al mismo nivel de una niña quien le preguntó por qué gateaba. "Porque el patio está lleno de elefantes y no quiero que me vean. Es mejor que te agaches tú también". Los niños quedaron callados sin moverse, mientras la madre se arrastraba de vez en cuando a la ventana para echar un vistazo a los elefantes. A las cinco dijo, "Ya no hay peligro pueden ir a sus casas. Se han ido todos los elefantes".

Unos días después oyó que una niña al llegar a su casa dijo a su madre, "La señora Smith tuvo que agacharse y gatear por la casa toda la tarde porque el patio estuvo lleno de elefantes". La madre castigó a la niña por mentir.

Sanguíneos, tengan cuidado que sus juegos no sean demasiado exagerados.

Hablador, Cuentista: La manera más fácil de reconocer a un sanguíneo es la de escuchar a cualquier grupo de personas, y fijarse en quién habla más fuerte y domina la conversación. Mientras los otros temperamentos conversan, los sanguíneos cuentas historias.

Cuando vivíamos en New Haven, Connecticut, las autoridades cívicas construyeron un estacionamiento de siete pisos. Un día, antes de la Navidad, estacioné el auto en esta estructura de cemento gris que más bien parecía una cárcel sin paredes y fui a hacer compras. Los sanguíneos como son personas del momento y con memoria corta, tienen dificultad para hallar cosas perdidas, tales como autos; y cuando salí del almacén y miré hacia esa fortaleza formidable, no tenía *ni* idea dónde había dejado mi auto.

Una ventaja que tiene una mujer sanguínea es que tiene un aspecto desamparado y por lo general puede atraer atención. Conforme a mi temperamento, me paré mirando fijamente a los siete pisos y me preguntaba por dónde debía empezar. Un guapo joven se acercó y viéndome tan aturdida, con los brazos llenos de paquetes, me preguntó: "¿Algún problema, señora?".

"Es que perdí mi auto en este estacionamiento de siete pisos".

"¿Qué marca de auto es?".

"Bueno, ese es parte de mi problema. No sé".

"¿No sabe cuál marca de auto tiene?". preguntó con incredulidad.

"Bueno tenemos dos y no me acuerdo cuál conducía hoy".

El pensó por un minuto y luego dijo, "Muéstreme sus llaves, así sabremos cual auto busca".

Eso no fue tan fácil, porque tuve que colocar todos los paquetes en la acera y sacar todo de mi cartera antes de encontrar dos juegos de llaves de auto. Para entonces, otro señor, viéndome arrodillada en la acera, preguntó, "¿Qué ocurre?".

El primer señor dijo, "Ella perdió su auto en el estacionamiento de siete pisos".

El segundo hizo la misma pregunta: "¿Qué marca de auto es?".

"No sabe".

"¿No *sabe*? Entonces, ¿cómo lo vamos a encontrar?".

Antes que se fueran, expliqué, "O es un convertible amarillo con interior negro o es un gran auto azul oscuro con los asientos forrados del mismo tono".

Ambos sacudieron la cabeza, recogieron mis paquetes y me acompañaron al estacionamiento. Mientras buscamos piso por piso, otras personas se unían a nuestro grupo para ayudarme y nos hicimos amigos. Para cuando encontramos el convertible amarillo con la placa O FLO éramos tan buenos amigos que quise organizar un club y ser el presidente.

Regresé de prisa a la casa, deseosa de contar a Fred cada detalle de mis maravillosos momentos de jugar al escondite en el estacionamiento. Quince minutos más tarde cuando terminé mi historia, esperé que dijera, "Que gentileza de todos esos señores que ayudaron a mi mujercita". Pero, no. Sacudió su cabeza con seriedad y murmuró, "Estoy tan apenado de estar casado con una mujer tan tonta que puede perder un auto en un estacionamiento de siete pisos".

Aprendí que era mejor contar mis experiencias a los que apreciaran mi sentido del humor.

El alma de la fiesta: Los sanguíneos tienen un deseo inherente de ser el centro de atención y este rasgo, junto con sus historias vividas, los hace el alma de la fiesta. Cuando mi hermano Ron era un adolescente y yo era su profesora de lenguaje en el colegio, ensayamos comentarios claves antes de ir a fiestas. Yo le resumía los temas de actualidad y él pensaba en chistes que concordaban con cada tema. Cuando se mencionaba el tema en una conversación, estuvimos preparados con un chiste "improvisado". Como nuestra fama (pero no nuestro secreto) creció, nos rogaban –inclusive algunos nos pagaban– para ir a sus fiestas.

Hace pocos días un artículo publicado en *Los Angeles Times* titulado "Alquile un invitado para su fiesta" contó de las encantadoras y divertidas personas que se pueden alquilar para asegurar que una fiesta sea exitosa. Que maravilloso pasatiempo para un sanguíneo –ir a fiestas cada noche y además que le paguen.

Si usted no tiene los medios para darse el lujo de alquilar sanguíneos, cultive una amistad con algunos e invite por lo menos dos cuando organice una cena. Siéntelos lejos uno del otro en la mesa para que no pasen toda la noche simplemente entreteniéndose mutuamente.

Memoria para lo llamativo: Aunque los sanguíneos tienen dificultad para recordar nombres, fechas, lugares y hechos, sí tienen una capacidad extraordinaria para recordar los detalles llamativos de la vida. Puede ser que no recuerden lo que dijo, pero saben que la conferencista tenía puesto un vestido morado estampado con pavos y una luna amarilla en la pechera. Puede ser que no se acuerden si estuvieron en una iglesia o en un salón, pero pueden describir la directora del coro a quien se le había olvidado ponerse la combinación y desafortunadamente se había parado, con las piernas separadas, delante de las luces revelando así su error.

No tengo buena memoria para nombres, pero puedo recordar detalles interesantes tal como la ocupación de una persona. Cuando nuestra hija Lauren era joven y llevó sus novios a la casa, pensé una manera creativa para diferenciarlos, usando una descripción de sus empleos en lugar de sus apellidos. Todo empezó con David que vendía bicicletas y cuyo apellido era muy largo con una Z en la mitad. Nunca pude pronunciarlo, así que le di el apodo de "David Bicicleta", distinguiéndolo de "David Cámara," el fotógrafo. "Dee Avión" era piloto y es fácil adivinar el empleo de "Don Fuerza Aérea". "Bob Aguas" trabajó para el Acueducto, "Ron Préstamo" para el banco y "Jeff Desempleado" no trabajaba. Lauren se casó con "Randy Moneda," un numismático y ya tiene sus propias moneditas.

De la sección de productos agrícolas del supermercado local Marita llevó a casa a "Jimmy Verdura," seguido por "Paul Policía". "Peter Pintor" era dueño de una fábrica de pintura y "Manny Dinero" era adinerado.

Sólo los sanguíneos pueden hacer una tradición familiar de una mala memoria.

No sueltan a su audiencia: Como los sanguíneos son personas muy cálidas y extrovertidas, tienden a besar, abrazar, dar palmaditas y acariciar a sus amistades. Este contacto físico es tan natural en ellos, que no se dan cuenta que los melancólicos retroceden al verlos acercar con los brazos abiertos.

Mi hija Marita es sanguínea como yo y nos gusta abrazarnos. Puesto que trabajamos juntas, nos vemos en la oficina y disfrutamos de un contacto constante. Un día Marita se fue a almorzar con una amiga y luego a hacer compras en el supermercado local. Por la tarde, fui al mismo supermercado y vi a Marita junto al mostrador de cosméticos. Mi reacción natural fue gritar, "¡Marita, mi amor!". Ella corrió hacia mí gritando, "Madre querida". Nos saludamos como amigas que no se habían visto en mucho tiempo y nos abrazamos y nos besamos. La empleada sonrió cuando Marita dijo, "Ella es mi madre".

"Así pensé," respondió: "¿Cuánto tiempo hace que no se ven?".

Marita y yo respondimos al unísono, "Dos horas".

"Oh," exclamó. "Pensé que había sido por lo menos un año".

Los sanguíneos no sólo "tocan" sino además se agarran a las personas con quienes conversan, para sentirse más cerca a ellas y para asegurarse que no se escapen. No hay nada que cause más trauma psicológica a un sanguíneo que perder su audiencia antes de llegar al punto culminante de su historia.

Buenos en primer plano: Al empezar a comprender el tema de los temperamentos, aplíquelos en cada área de la vida. El uso correcto de este conocimiento le ayudará a evitar muchos errores y le dará un quinto sentido de cómo encajar a las personas donde pueden desarrollarse mejor. Los sanguíneos tienen un sentido inherente de lo dramático y una atracción magnética hacia el centro del escenario y a la lente de una cámara. Gravitan hacia la diversión y crean más si una fiesta les parece aburrida.

Los sanguíneos son recepcionistas, anfitriones, maestros de ceremonia y presidentes de clubes. Pueden ser divertidísimos y generar entusiasmo en todos menos en los más sosos. Si un sanguíneo tiene una audiencia comenzará una actuación.

Ingenuo e inocente: El sanguíneo es el único temperamento que siempre parece ser ingenuo e inocente. Los sanguíneos mantienen una ingenuidad infantil hasta la vejez. No es que realmente sean más tontos que los de otros temperamentos; sólo parecen serlo.

Tengo una amiga, Patti, que es el ejemplo perfecto. Tiene grandes ojos color castaño y los resalta aún más con largas pestañas postizas. Siempre tiene el aspecto de estar parada bajo dos toldos. Cualquier cosa que uno le dice a Patti, ella parpadea sus pestañas y responde, "¡Pero yo nunca había pensado en eso!".

Un día mi esposo me preguntó, "¿es que Patti nunca ha oído nada?". Para los sanguíneos todo es nuevo.

Entusiasta y expresivo: Los sanguíneos son personas emocionales y demostrativas son optimistas y entusiastas acerca de casi todo. Cualquier proyecto que usted mencione, ellos quieren llevarlo a cabo y dondequiera que planea ir, ellos quieren ir. Se mueven, saltan, se estiran, y se menean. Conozco a un pastor sanguíneo quien se emociona tanto cuando predica que se siente estorbado al tener la Biblia en una mano y tener sólo una libre para hacer señales, así que sube y baja en las puntas de los pies y cuando quiere hacer énfasis da una patada al aire con su pie. Si usted no está fascinado con el sermón, estaría embelesado contemplando sus saltitos y esperando a ver si pierde el equilibrio.

Una joven describió de esta manera a su familia sanguínea, "Nos criamos en una casa donde las emociones goteaban por las paredes".

Mi amiga Connie es dueña de varios salones de belleza y me dijo que prefiere emplear peluqueras sanguíneas, porque son las únicas que pueden mantenerse entusiastas mientras escuchan todo el día los problemas deprimentes de las clientes. "Ya por la tarde sus puestos están muy desordenados, los rulos están por todas partes, y están pidiendo prestado cepillos una de otra. Pero terminan el día sin enloquecerse y yo simplemente le pago a una señora para que venga cada noche y haga la limpieza".

La palabra *extraordinario* debe haber sido inventada para describir a los sanguíneos porque cada pensamiento y acción de ellos va más allá de lo común y es definitivamente "extra". Para los sanguíneos, "Demasiado nunca es suficiente".

Curiosidad: Los sanguíneos siempre están curiosos y no quieren perder nada. En fiestas, si un Sanguíneo está conversando y escucha que mencionan su nombre al otro lado del salón, inmediatamente deja de hablar y se voltea hacia la nueva voz. Muchas veces los sanguíneos son como un radio que alguien está cambiando de emisora a emisora. La mente del sanguíneo pasa rápidamente de una conversación a otra para no perder nada.

Siempre quieren "saberlo todo": Los secretos los vuelven locos. Buscan por toda la casa hasta encontrar los regalos de Navidad y siempre averiguan cuándo se celebrarán las fiestas sorpresas.

También los sanguíneos quieren investigar todo lo nuevo. Una señora me contó que cuando colocaban nuevas tejas en el techo de su casa quiso saber cómo lo hacían, así que subió por la escalera al techo. Imagínate la sorpresa de los obreros cuando ella apareció en el techo y gateó hacia la chimenea. Intentaron persuadirla que bajara antes de que se cayera, pero les dijo que quería aprender como colocar tejas.

Un obrero la ayudó a llegar hasta la chimenea, donde podía sentarse y mirar. Al hacer preguntas empezó a gesticular con entusiasmo, se inclinó hacia atrás y se cayó en la chimenea. Ella gritó y los obreros se apresuraron a rescatarla. Se necesitaron cuatro hombres para sacarla, tirándola de las manos y los pies. Su espalda quedó raspada y magullada y su pantalón blanco cubierto con hollín.

Siempre un niño: Una de las razones por la que los sanguíneos mantienen maneras infantiles es que eran niños adorables. Sus padres y profesores los consentían y no quieren dejar de ser el "centro de atención". Otra razón es que simplemente no quieren crecer. Otros temperamentos quieren madurar y dejar atrás su niñez pero al sanguíneo le gusta el mundo de fantasía. Todas las niñas son Cenicientas y los niños sanguíneos son Príncipes Azules. En los cuentos los Príncipes Azules nunca trabajan. Cabalgan hacia la puesta del sol montados en corceles blancos, pero nunca tienen que buscar un empleo. Las responsabilidades llegan con los años, y los sanguíneos prefieren evitarlas el más tiempo posible.

Voluntarios: Puesto que los sanguíneos quieren ser útiles y populares, se ofrecen para trabajar sin pensar antes en las posibles consecuencias. Una noche en una reunión, Linda y Vonice conversaban sobre la dificultad de conseguir una niñera. Linda necesitaba que alguien cuidara sus cinco hijos por una noche entera. La sanguínea Vonice dijo, "No te preocupes, Linda, *nosotras* te ayudaremos a conseguir a alguien". Unos días antes de la noche en cuestión, Linda llamó por teléfono a Vonice para preguntar si había conseguido una niñera y resultó que Vonice estaba de vacaciones en Europa.

No confíe cuando los sanguíneos dicen *nosotros*, porque puede ser que a *nosotros* se nos olvide lo que *nosotros* ofrecemos hacer.

Una noche Fred y yo estábamos enseñando el tema de temperamentos a un grupo en Nueva York y mencioné como los sanguíneos se ofrecen de voluntarios, pero no cumplen. "Por ejemplo," dije, "si una sanguínea se hubiera ofrecido a preparar el café para el descanso esta noche, nos encontraríamos con que ni se habría acordado de enchufar la cafetera". Inmediatamente, una adorable y ojialegre joven sentada en la primera fila gritó, corrió por el pasillo y entró en la cocina. Era sanguínea; se había ofrecido a preparar el café; no enchufó la cafetera y esa noche no había nada que tomar. A los sanguíneos les encanta ofrecerse y tienen buenas intenciones, pero si quieres tomar café, ¡mejor enchufas la cafetera tú mismo!

Creativo: La mente del sanguíneo siempre está inventando nuevas y dramáticas ideas. Cada día trae nuevos desafíos que resultan en actividades creativas. En la reunión de cualquier junta es el sanguíneo que propone ideas innovadoras, que visualiza una nueva decoración para el salón y escoge un tema imaginativo para el proyecto.

Cuando Lauren estuvo en el segundo año de la escuela, ella dijo a su profesora, "Mi madre siempre prepara algo especial para fiestas," y me escogieron para ir a la escuela de vez en cuando en representación de las demás madres. La primera asignación importante era la fiesta de la "Noche de las brujas" y Lauren me acordaba una y otra vez que ella había prometido que yo prepararía algo realmente diferente.

Su confianza fue un desafío para crear algo espectacular y comencé a planear una fiesta para la "Noche de las brujas" que los niños nunca olvidarían. Lauren se burlaba de las madres que llevaban gaseosa en vasos desechables, por eso planeé servir jugo de naranja en una ponchera de cristal grande, y alrededor colocar varios vasitos de cristal. Pensé que añadiendo un anillo de hielo con pequeñas calabazas de dulce daría el toque perfecto. El día de la fiesta, fui a la panadería y recogí los bizcochos decorados con lindos gatitos negros y las servilletas especiales. Preparé doce litros de jugo de naranja y los puse en un cubo plástico con el anillo de hielo flotando encima. Coloqué los bizcochos en el piso de la parte trasera del auto y al otro lado coloqué el cubo.

Siendo una sanguínea estuve retrasada, así que rápidamente me puse el vestido de color anaranjado que había comprado especialmente para la fiesta y saqué el auto del garaje. Justo cuando, di marcha atrás, entró en la calle otro auto, pasó velozmente y yo frené en seco. Al escuchar lo que sonaba como una ola, sabía que ya no habría fiesta. Miré temerosa sobre mi hombro y vi flotando en un mar de jugo de naranja veintiocho gatitos negros intentando no ahogarse.

Llegué tarde con la ropa sucia, con unos paquetes de refresco, una caja de galletas y llevando el anillo de hielo como un brazalete en la muñeca izquierda. Lauren lloró durante toda la fiesta y nunca volvieron a pedirme que ayudara en la escuela.

El sanguíneo puede tener ideas brillantes y creativas, pero necesita de unos amigos prudentes para que le ayuden a llevarlas a cabo.

Inspira y halaga a los demás. Como los sanguíneos están llenos de entusiasmo y energía, tienden a atraer e inspirar a los demás. El difunto presidente Harry Truman dijo que el liderazgo es la capacidad de inspirar a otros a que trabajen y hacerlos disfrutar al hacerlo. Esta declaración es una descripción perfecta de los sanguíneos y muestra su sutil manera de tomar el liderazgo. El sanguíneo efectivo piensa en proyectos y luego halaga a otros hasta el punto que ellos los llevan a cabo. Cuando un sanguíneo se entiende a sí mismo, reconoce que puede empezar un trabajo pero, necesita de amigos para terminarlo.

Los políticos de este temperamento tienen el talento de inspirar confianza y luego lograr que sus electores hagan el trabajo. A un sanguíneo realmente inteligente no solamente le ruegan que les permita trabajar para él sino que ofrecen hacerlo gratis. Mi hermano Ron tuvo este talento desde que era niño, y me di cuenta de su capacidad de motivar a los demás mucho antes que oyera la palabra sanguíneo. Cada vez en lo posible, Ron se aprovechó de su sagacidad y encanto para no tener que trabajar. Durante la guerra en Corea, Ron se alistó en el ejército y viajó a ese país en un barco de transporte militar. La primera noche oyó el anuncio: "Mañana todo el personal tiene que reunirse en la cubierta para recibir sus órdenes de trabajo para el viaje".

Puesto que los sanguíneos evitan trabajar a toda costa, Ron empezó a idear un plan para que no tuviera que lavar las cubiertas. La mañana siguiente cuando llamaron a los soldados, Ron llevó en la mano unas hojas de papel y un estilógrafo y se paró al pie del sargento que entregaba los órdenes. Cuando el sargento leía los nombres y asignaba el trabajo, "Ustedes diez a limpiar letrinas, ustedes veinte a raspar pintura," Ron lo animaba y tomaba unas notas. Después que todos los soldados habían recibido sus órdenes, el sargento se atrevió a preguntar, "¿Y tú, qué aquí es tu trabajo?".

"Estoy encargado de organizar el 'Espectáculo de Talento' " respondió con autoridad.

"Ni sabía que habían planeado uno," dijo con sorpresa el sargento.

"Oh, sí," le aseguró Ron, "La noche antes de atracar tendremos un maravilloso espectáculo. Necesitaré todo el viaje para planearlo. Y a propósito, sargento, hizo un buen trabajo esta mañana. Nos veremos". Con estas palabras positivas Ron empezó dos agradables semanas de descanso. Mientras se paseaba por la cubierta, mirando a los demás trabajar, preguntó a los hombres si tenían algún talento. Es sorprendente que hombres que no podían cantar en tierra se convirtieron en talentosos cantantes en ultramar y Ron anotó los nombres de estos artistas. La última tarde los reunió a todos para un ensayo y haciendo buen uso de su sentido del humor se convirtió en maestro de ceremonia. Esa noche cada hombre asistió al espectáculo. Nadie, durante las dos semanas, cuestionó su trabajo y el espectáculo fue el punto divertido culminante a un viaje tedioso. Unas semanas después Ron recibió un pergamino de parte del gobierno, honrándole como el único hombre a bordo del barco que merecía reconocimiento por levantar la moral de los soldados.

Sólo un sanguíneo puede pasar dos semanas sin hacer nada y ser el único en recibir un elogio por hacerlo.

Se hace amigos fácilmente: Para los sanguíneos no existen extraños, porque al saludarlos, llegan a ser sus amigos. Cuando otros vacilan o se contienen, el sanguíneo inicia una conversación con cualquier persona que se encuentre cerca. En la fila de la caja en un almacén casi siempre empiezo a hablar con alguien. Todo lo que tengo que hacer es mirar en la canasta de una señora y encuentro temas de conversación.

Un día mientras esperé en la fila con mi melancólico hijo adolescente vi que la señora delante de nosotros tenía una canasta llena de pan. Como eso no era muy común, le pregunté porqué compraba tanto pan. Me dijo que iba a una comida en la iglesia y que había ofrecido llevar el pan. Le pregunté a cuál iglesia asistía y pronto estábamos en una conversación interesante sobre doctrina. Para ambas fue una conversación provechosa y nos despedimos como amigas. Caminando hacia el auto, mi hijo Fred dijo, "Me da tanta pena acompañarte a hacer mercado".

Yo fingí no haberlo entendido y pregunté, "¿Qué quieres decir?".

"Preguntaste a esa pobre señora porqué tenía tanto pan. No tiene nada que ver contigo si una extraña compra pan. Nunca vuelvo a hacer fila contigo".

Aunque una sanguínea piensa que su temperamento amistoso es una ventaja, alguien de otro temperamento no necesariamente está de acuerdo. Una noche mientras cenaba en un restaurante con mi esposo y otro matrimonio, fui al tocador de damas. Cuando me lavaba las manos vi a una jovencita sentada sola en un rincón. "¿Te ocurre algo?", le pregunté.

Suspiró y empezó a llorar, así que me senté a su lado. Estaba recién casada y había discutido con su esposo. Analicé el problema, le expliqué como pedir perdón y la envié donde su esposo. Cuando regresé a la mesa, Fred me preguntó porqué me había demorado tanto y le conté de mi nueva amiga que necesitaba ayuda. La señora quien nos acompañaba me miró horrorizada y dijo: "¿No es muy peligroso hablar con extraños en el tocador?".

Puede ser que así sea para las de otros temperamentos, pero una sanguínea hace amigas en cualquier parte, aun en el tocador de damas.

Parecen ser más divertidos: Puesto que los sanguíneos siempre hacen las cosas en grande, parece que sus vidas fueran más divertidas que las de sus amigos. No es que lo que hagan sea algo extraordinario, sino que los detalles con que narran una experiencia añaden mucho color.

Un hombre sanguíneo se sentó en la silla al lado mío en un avión y de inmediato empezó a hablar de las personalidades de Hollywood, dando la impresión que las conocía a todas.

"¿No fue terrible lo de Joan Crawford? Ella sí era una actriz. ¡Que pérdida para nuestra ciudad! Cuando murió Susan Hayward, yo sabía que Hollywood no tenía futuro. La última vez que estuve en el aeropuerto con ella, estaba lindísima. No pude quitar mis ojos de sus magníficos cabellos rojizos. ¡Caminó como una reina! Cuando perdamos a Bette Davis, sabremos que todo ha terminado".

Hizo una pausa para respirar y le pregunté si era un productor de cine. Me respondió, "Oh, no, quisiera serlo; pero tengo la oportunidad de ver a muchas estrellas de Hollywood porque soy recepcionista de American Airlines".

Un sanguíneo compartía conmigo sus declaraciones personales de las reinas de Hollywood tomado desde su lugar estratégico como recepcionista. Cualquier cosa que hace un sanguíneo parece emocionante y los demás les tienen envidia cuando, en realidad, pueden haber tenido menos experiencias genuinas que los demás.

El sanguíneo tiene una capacidad inconsciente de transformar cualquier tarea sencilla en un evento principal. Una noche cuando toda la familia estaba reunida en la casa de nuestra hija Lauren, Marita decidió preparar palomitas de maíz. Se fue a la cocina acompañada por Randy de cuatro años. Diez minutos más tarde, el pequeño Randy llegó corriendo a la sala, sus ojos grandes y brillantes como dos faros.

"Vengan a ver el maíz. ¡Está disparando por toda la cocina!".

Corrimos a la cocina y vimos palomitas de maíz explotando como pequeños cohetes de una olla. Todos buscamos vasijas e intentamos coger las palomitas mientras volaban por el aire. Marita había echado demasiado maíz en la olla y se había olvidado poner la tapa, luego se fue al baño dejando al pequeño Randy encargado. El error se convirtió en un juego divertido y Randy piensa que su tía Marita ha inventado una nueva y mejor manera de preparar palomitas de maíz.

El corazón alegre constituye buen remedio...

Proverbios 17:22

4

Organicémonos con El Melancólico

¡Cuánto necesita el mundo del melancólico!

La intensidad para buscar los verdaderos valores de la vida.

El temperamento artístico para apreciar la belleza de la naturaleza.

El talento para producir una gran obra de arte.

La capacidad de analizar y llegar a la solución correcta.

El perfeccionista mientras los demás
trabajan desordenadamente.

La meta de terminar lo que han
empezado.

El lema, "Si vale la pena hacerlo,
vale la pena hacerlo bien".

El deseo de "hacer todo decentemente
y en orden".

Antes de entender los temperamentos no apreciaba a las personas que eran distintas a mí. Prefería que la vida fuera siempre alegre y excitante y era demasiado egocéntrica para darme cuenta de mis debilidades o para querer que me ayudaran. Al empezar a autoanalizarme, me di cuenta que era buena para iniciar proyectos pero no para llevarlos a su culminación. Empecé a estimar la seriedad de Fred, su sensibilidad, su organización, sus listas. Empecé a ver la necesidad de tener un esposo como Fred, un verdadero compañero y de tener amigos melancólicos quienes tomaban la vida con más seriedad.

Aun de bebé el melancólico parece pensar profundamente. Es callado, no es exigente, y prefiere estar solo. Sigue un horario y responde mejor a una madre que es bien organizada. El ruido y la confusión le molestan y no se adapta bien a que lo lleven de lugar en lugar y que cambien su rutina.

No sabíamos nada acerca de los temperamentos cuando adoptamos a nuestro hijo, Fred y por eso no reconocimos su personalidad melancólica. La trabajadora social nos dijo que él era un bebé serio, que raras veces sonreía y que a los tres meses parecía analizar a todos los que se le acercaban. Estos rasgos son consistentes en su vida. Como joven es serio y confiable y a veces la actitud alegre y despreocupada de Marita le molesta. El no siente que la vida es muy divertida, y encuentra imposible sonreír por la mañana. Es introspectivo y analítico, y el hecho de vivir en una familia de extrovertidos no ha cambiado su temperamento.

Como adulto, el melancólico es un pensador. Es serio en sus intenciones, dedicado al orden y a la organización, y aprecia la belleza y la inteligencia. No se precipita en busca de lo excitante pero, analiza el mejor plan para su vida. Si no fuera por los melancólicos, tendríamos poco de poesía, arte, literatura, filosofía o sinfonías. Nos haría falta su cultura, su elegancia, su buen gusto, y su talento. Tendríamos menos ingenieros, inventores, científicos; posiblemente se perderían los libros de contabilidad y las columnas no cuadrarían.

Los melancólicos son el alma, mente, espíritu, y corazón de la humanidad. ¡El mundo necesita del melancólico!

Intenso, pensativo, analítico: Donde el sanguíneo es extrovertido, el melancólico es introvertido. Donde al sanguíneo le encanta hablar y ser transparente, el melancólico es intenso, callado, y pensativo. Donde el sanguíneo mira todo en la vida de color de rosa, el melancólico nace con una naturaleza pesimista que lo hace prever problemas potenciales y medir las posibles consecuencias. El melancólico siempre quiere llegar al fondo de un problema. No acepta las cosas por su significado literal, sino que busca las verdades profundas.

Mientras el sanguíneo *habla*, el colérico *hace* y el flemático *observa*, el melancólico *piensa, crea e inventa.*

Los melancólicos están dispuestos a seguir rutinas aburridoras con tal que al final haya un buen resultado. El niño melancólico puede sentarse hora tras hora practicando escalas, mejorando su técnica, mientras que el niño sanguíneo repasaría rápidamente dos veces la escala y luego saldría a jugar.

El funcionamiento de la mente es importante para el melancólico y desde la cuna empiezan a observar la vida que los rodea. De niño, los melancólicos tienen juguetes que necesitan ser estudiados, juegos que necesitan ser analizados. Les gusta trabajar con las manos, llegar a conclusiones complicadas y planear recreación seria que tenga un propósito.

En el colegio los melancólicos disfrutan de los exámenes del fin de año y de tareas de investigación y prefieren trabajar solos porque la conversación atrasa el progreso. Les gustan temas que en su opinión nunca han sido investigados correctamente y responden bien a una profesora organizada y que enseña de una manera sistemática.

De niño mi esposo, Fred, era el único de su familia a quien le gustaba lavar los platos. Le gustaba analizar el procedimiento para poder mejorarlo. Cuando nos conocimos, él se entrenaba para trabajar como administrador en el Restaurante Stouffer de Nueva York y hacía excelente uso de sus talentos analíticos. Todavía disfrutaba lavar los platos y era el único de su grupo que esperaba con ilusión el entrenamiento en el cuarto de aseo. Disfrutaba enfrentarse al pandemonio que reinaba en el cuarto de aseo a la hora de almuerzo y crear orden del caos.

A veces se emocionaba demasiado. Una vez cuando éramos recién casados, me observaba mientras lavaba los platos y decía,

"Hiciste cuarenta y dos movimientos innecesarios". "¡A lo mejor tenía razón, pero no quise que me los dijera!".

Uno de los talentos de Fred que mejor apreciaban los dueños del restaurante era su capacidad de analizar los problemas y solucionarlos calladamente, sin escándalo. Como un joven aspirando a ser buen ejecutivo, se enorgullecía al pararse en la entrada del comedor a inspeccionar a las camareras, ver cada moño mal anudado, cada salero y pimentero que no estaba exactamente en el centro de la mesa y cada silla que no estaba cuadrada correctamente. Luego regresaba a la casa y al echar una mirada –ustedes ya saben el resto.

Los melancólicos generalmente tienen empleos y carreras donde aprecian sus talentos. Analizan los problemas de la vida y forman parte del grupo de la "comisión de expertos". Su mente perspicaz y su capacidad analítica son rasgos positivos, pero llevados a un extremo hace que el melancólico se obsesione con los problemas y constantemente evalúe el rendimiento de los demás. Bajo el ojo observador del melancólico, otros se sienten nerviosos e irritables.

Serio y determinado: Los melancólicos son personas serias que se fijan metas a largo plazo y que quieren dedicarse a lo que realmente cumple un propósito valioso. Desafortunadamente, por lo regular se casan con mujeres a quienes les encanta las cosas menos serias de la vida, con el resultado que se enojan de las trivialidades que emocionan a su pareja.

Cuando nuestra hija Lauren se casó, ella y yo salimos juntas a mirar casas. No nos interesaba si encontrábamos una de inmediato o no; disfrutábamos tanto simplemente mirando. Cada casa tenía varios defectos y ya por la tarde casi no pude esperar para contar a Fred de las terribles casas que habíamos visto. Entré en su oficina y me senté para contarle con lujo de detalles nuestras experiencias de la mañana. Yo hablaba y hablaba hasta que Fred hizo la pregunta ominosa que llegó a lo esencial: "¿Compró Lauren una casa?".

No quise contestar porque al hacerlo no podía, con la conciencia tranquila, continuar mi relato.

"Bueno. . .".

"¿Compró una casa?".

"No, pero. . .".

"No, nada de peros". Estoy muy ocupado para tener que escuchar largas descripciones de todas las casas que no compraron".

Regresé a casa y ahora entiendo que un melancólico no necesita escuchar casi una hora de trivialidades cuando la respuesta es no.

Genio – intelectual: Aristóteles dijo, "Todos los genios son de temperamento melancólico". Los escritores, artistas, y músicos generalmente son melancólicos porque nacen como genios en potencia y con la motivación y cultivación correcta llegan a ser muy buenos profesionales. Indudablemente Miguel Angel era un melancólico, aunque ya no está aquí para poder someterlo a uno de nuestros tests.

Antes de tallar sus estatuas clásicas de Moisés, David y la Piedad, hizo un estudio extensivo del cuerpo humano. Fue a los anfiteatros y personalmente abría los cadáveres para estudiar los músculos y los tendones. Y porque estudió el cuerpo humano más a fondo que cualquier otro escultor de su época, sus creaciones han sido protegidas y admiradas hasta hoy.

Miguel Angel también era arquitecto; escribió poesía y es más conocido por los frescos en la Capilla Sixtina del Vaticano. Duró cuatro años (1508-1512), acostado boca arriba a veinte metros de altura, para completar estas nueve escenas tomadas del libro de Génesis.

¿Puedes imaginar lo que habría ocurrido si Miguel Angel hubiera sido un sanguíneo? No hubiera planeado con anticipación sino que hubiera comenzado en un rincón, simplemente pintando lo que se le viniera a la mente. Después de haber subido el andamiaje, se hubiera dado cuenta que se le había olvidado la pintura roja y habría bajado de nuevo. Luego de unos días solo, allí arriba, hubiera perdido interés en el proyecto y lo hubiera abandonado, dejando a Adán sin una hoja de parra. Pero Miguel

Angel era melancólico y es reconocido como uno de los más grandes artistas de la humanidad.

Si eres melancólico, ¿estás haciendo todo lo posible para desarrollar tus capacidades?

Talentosos y creativos: Los melancólicos son los más talentosos y creativos de todos los temperamentos. Pueden tener talento artístico, musical, poético o literario. Tienen profundo aprecio por personas con talento, admiran los genios y admiten que de vez en cuando lloran de emoción. Se maravillan de la naturaleza. Les encanta oir sinfonías y mientras más melancólicas sean, más componentes necesitan para su estéreo.

En un seminario que dictamos, cuando dividimos las personas en grupos según su temperamento, a Fred se le ocurrió averiguar cuántos del temperamento melancólico tenían talento musical. Pidió al líder del grupo contar todos los de talento musical en el salón y darnos el total más adelante. Cuando le preguntamos nos dijo:

El primer problema era la definición de *musical*. Algunos pensamos que significa tener talento musical y otros pensaran que se debe incluir a los que son aficionados a la música. Analizamos eso por un rato y luego decidimos hacer dos conteos: uno de los aficionados y otro de los de talento musical. Cuando pregunté cuántos son aficionados, dieciocho alzaron la mano. Cuando anotaba eso, un joven me preguntó, "¿Tiene que ser aficionado a la música clásica o puede ser a la contemporánea?". No pudimos ponernos de acuerdo, así que hicimos dos conteos más: los que les gusta la música clásica y los que les gusta toda clase de música.

Luego pregunté cuántos tenían talento musical. Quince alzaron la mano, pero entonces una señora interrumpió con la pregunta, "¿Hay que tocar un instrumento ahora? Es que yo tocaba el clarinete cuando asistí al colegio". Discutimos esto y llegamos a la conclusión que otro conteo era necesario. Apenas habíamos decidido contar los que tocan ahora y los que solían tocar, cuando un señor preguntó, "Y si uno inicia clases de piano mañana, entonces qué?". En eso se nos acabó el tiempo y yo ¡entregué mi renuncia!

Si hubiéramos pedido lo mismo de un grupo de sanguíneos, habrían olvidado la pregunta. Un líder colérico habría preguntado, "¿a cuántos de ustedes les gusta la música?" y rápidamente habría hecho el conteo. Un flemático habría dicho, "¿y qué importa?". Sólo los melancólicos pueden tomar quince minutos discutiendo la pregunta y terminar con un informe de cinco páginas.

Le gustan las listas, los diagramas y las cifras: Todos hacemos listas de vez en cuando, pero para el melancólico el usar listas y diagramas es una parte esencial de la vida. La mente melancólica funciona de una manera tan ordenada que el ve cifras mientras el sanguíneo ve personas; el piensa en columnas mientras el sanguíneo piensa en eventos.

Mi amiga Vivían me contó que le fascinan las listas y los diagramas y que está segura que a los demás les fascinarían también si llegaran a entenderlos. Ella toma mucho tiempo explicando la teoría de sus diagramas a otros y no puede entender porqué a ellos no les interesa. Cuando oyó de los temperamentos, se dio cuenta por qué tres cuartos de la gente no se emocionaban al mirar sus lindos diagramas.

Sería una gran ayuda para todos si se organizaran mejor, pero para el melancólico es lo esencial de la vida. En el bolsillo de su camisa, Fred lleva unas tarjetas donde escribe todo para mantenerse al día. Las renueva cada día y tacha los trabajos al terminarlos. También lleva, en el mismo bolsillo, seis diferentes clases de bolígrafos. En el bolsillo de su saco lleva tres lápices y un bolígrafo con una pequeña linterna incorporada con la cual ha comprobado que es muy útil para leer el menú en restaurantes iluminados con una luz tenue o para encontrar cosas que se han caído en teatros oscuros. En el bolsillo derecho de su pantalón siempre lleva unas monedas y su navaja y en el izquierdo un cortaúñas. Lleva su pañuelo en el bolsillo derecho de atrás y su billetera en el izquierdo. Cuando sale por las mañanas está preparado para cualquier emergencia, aunque se ve algo abultado.

Otra amiga, Bárbara, me contó de la perfecta recepción que preparó para celebrar el matrimonio de su hija. Como la ceremonia también se iba a celebrar en la casa, durante meses ella preparó listas y diagramas, y escribió a máquina instrucciones para cada miembro de la familia, explicando sus responsabilidades. El día del matrimonio, colocó cinta encima del timbre para que nadie pudiera interrumpirlos, y en el portón colocó un aviso que decía MATRIMONIO EN PROGRESO. Desconectó los teléfonos y entregó a los ujieres una lista detallada de sus responsabilidades, una de las cuales era apagar el aire acondicionado cuando se escuchara la primera nota de la marcha nupcial para que el ruido de los ventiladores no dañara la ceremonia. A la cabeza de la escalera de caracol, Bárbara colocó la última instrucción para la novia, un aviso grande que decía ¡SONRIE!

Empecinadamente detallista: Muchas de las cosas pequeñas de la vida en las cuales ni me fijo son de mucha importancia para los melancólicos. El papel higiénico por ejemplo. Yo lo colocaba en el soporte así como salía, hasta que Fred me advirtió que lo hacía incorrectamente. "¿Qué quieres decir con *incorrectamente*?", repliqué. "No se ha caído".

Fred suspiró, "No, no se ha caído pero está mal puesto. Lo pusiste al revés".

Aún mirando fijamente, no pude ver como el papel higiénico podía estar puesto al revés, pero me mostró que el papel debe desenrollar hacia adelante –no hacia atrás contra la pared. Personalmente no veía la importancia de eso, sin embargo, acordé colgarlo como Fred decía.

Años más tarde, cuando salía al mercado el papel higiénico estampado, Fred se sintió contentísimo al poder mostrarme como las florecitas se abren correctamente si el rollo está colgado como debe ser, pero que están contra la pared si está puesto al revés. Tuve que reconocer que el tenía la razón y se sintió vindicado. Ahora cuando visito una casa y veo que el papel higiénico desenrolla hacia la pared, me siento obligada a sacarlo y colgarlo correctamente.

Cuando Fred relata este ejemplo en los seminarios, siempre quedo sorprendida del número de melancólicos que vienen a darle las gracias por haber aclarado a sus cónyuges que hay una sola manera de colgar el papel higiénico.

Los melancólicos son expertos en estar al tanto de los detalles, por eso son los compañeros ideales del viaje para los sanguíneos, porque no pierden los boletos, ni las maletas y hasta recuerdan por cuál puerta tienen que abordar el avión.

Los melancólicos son de gran ayuda en los comités porque hacen preguntas sobre detalles que los sanguíneos han pasado por alto, tal como: *¿Tenemos los fondos para pagar este proyecto? ¿Cuánto cuesta alquilar el salón? ¿Cuánta gente esperan? ¿Cuánto piensan cobrar? ¿Existe mucho interés en esta clase de actividad? ¿Se dan cuenta que las fechas que han escogido caen en Semana Santa?* Sin los miembros melancólicos, muchos comités entusiastas harían planes sin estudiar los riesgos.

Organizado: Mientras el sanguíneo busca diversión, la meta del melancólico es poner todo en orden. El Sanguíneo puede trabajar en una cocina u oficina desordenada, pero para el melancólico es una necesidad tener todo bien organizado, o no puede trabajar.

Una jovencita me contó que por la tarde al salir del colegio ayudaba a una señora a limpiar su casa. Lavó un estante y luego colocó de nuevo todos los frascos. Cuando iba saliendo la señora la llamó para decirle que no había puesto los frascos en su sitio correcto. La joven quedó desconcertada cuando la señora le mostró unos círculos dibujados en el papel que forraban el estante indicando exactamente el sitio donde cada frasco y lata debía ir —redondo, rectangular y ovalado según la forma del frasco. La señora colocó todo en su lugar y dijo: "Cuando se mantienen las cosas en perfecto orden, siempre puedes encontrarlas rápidamente".

A los melancólicos les gusta tener los closets ordenados y organizados. Fred tiene secciones para camisas de manga larga, de manga corta y para camisas de sport. En cada gancho cuelga un solo pantalón con su respectivo cinturón, así que nunca saca dos pantalones a la vez ni tener que buscar el cinturón apropiado. Cuelga sus sacos y pantalones en orden rotante. Cuando los quita por la noche, los cuelga a la izquierda de su sección, y al día siguiente se coloca el saco y pantalón que están a la derecha. Este sistema asegura una variedad de estilo e igualdad de uso. Sus zapatos están organizados en hileras en el piso del closet y una vez al mes les echa betún a todos.

Cuando estábamos recién casados yo doblaba la ropa de Fred al estilo Sanguíneo, y pensé que si cabía y se podía cerrar la gaveta, había ganado la victoria. Un día Fred dijo: "Gracias por lavar mi ropa, pero prefiero que la dejes para que yo lo guarde en las gavetas". Cuando le hice mi pregunta de siempre, "¿Qué hice mal?", me mostró que yo no doblaba bien las camisetas para que quedaran ordenadas una encima de otra y cómo enrollaba sus medias y simplemente las metía en la gaveta. Luego prosiguió a doblar cada media en dos y los colocó una encima de otra con los talones en perfecto orden. Cuando terminó, las cosas en la gaveta encajaban como un rompecabezas.

En veintiocho años de matrimonio nunca he aprendido a doblar la ropa como un melancólico y me encanta rebuscar en una gaveta desordenada y tener la alegría de encontrar cosas que pensaba perdidas.

La esposa melancólica de un médico mantenía dos archivos donde anotaba todos los detalles de las cenas que había ofrecido. En un archivo anotaba la ocasión, por ejemplo NAVIDAD 1975, SEMANA SANTA 1980, y una lista de todos los invitados y también el menú. El otro archivo contenía en orden alfabético una tarjeta con el nombre de cada invitado. En cada tarjeta estaban anotadas las fechas cuando esa persona había venido, su reacción a la comida (si había comentado algo), y si había enviado una carta de agradecimiento. Al otro lado tenía anotada las fechas cuando había recibido una invitación a la casa de esa persona. Esta señora sabía cada detalle de cada cena a la que había asistido durante catorce años.

Para los que no tenemos este temperamento, es necesario entender lo importante que la organización y el orden son para el melancólico y cuánto nos ayudaría a cada uno si mejoráramos en esta área.

Ordenado generalmente el melancólico se viste meticulosamente: El hombre se ve eficiente y la dama elegante. Quieren que todo alrededor de ellos también esté limpio y ordenado y siempre recogen el desorden tras los demás. Cuando Fred y yo visitamos a Europa hace quince años, en nuestro grupo había dos señoras sanguíneas cuyo único interés en museos y catedrales fue tomar sus fotografías delante de ellos. Tenían una maleta llena de rollos de Polaroide, y mientras los demás escuchábamos al guía contando la historia del Partenón, ellas posaban al lado de las columnas del pórtico. Al despegar la fotografía de la hoja posterior, dejaban caer ésta al suelo y seguían a otro lugar. Fred, con su sentido de limpieza, no podía permitir que esas americanas antipáticas dejaran su basura regada por toda Europa, así que durante dos semanas las seguía recogiendo los papeles que botaban. Una vez intentó hacerlas caer en cuenta de su mala educación entregando a una de ellas unos papeles que habían botado.

"Disculpe, pero dejó caer esto".

Ella respondió: "Está bien. Ya no sirve".

Nuestro hijo Fred ha manifestado rasgos melancólicos desde cuando era bebé y nos analizaba desde detrás de la baranda de su cuna. De pequeño jugaba calladamente y luego alineaba todos sus carritos ordenadamente antes de dormir su siesta. Cuando pudo tender su cama por sí solo, se aseguraba que las rayas que formaban el diseño del cubrecama estuvieran perfectamente paralelas con el borde de la cama. Colocaba cada muñeco de peluche en el mismo sitio sobre la almohada cada mañana y si alguien movía alguno, él lo sabía.

Un joven sanguíneo me contó los detalles de una cita que tenía con una sanguínea. Fue a su oficina a recogerla a la hora acordada. Se quedó horrorizado al ver el desorden de su escritorio, y también por el hecho que ella había salido de la oficina aparentemente olvidando la cita. Se sentó a esperarla y vio que los papeles y los lápices en el otro escritorio estaban muy ordenados. Entró una joven y se sentó en este escritorio y comenzaron a conversar. Estaba vestida pulcramente y parecía saber lo que hacía.

"De repente," me dijo: "Me di cuenta que estaba interesado en la chica equivocada. La primera nunca apareció de todos modos, así que llevé la segunda a almorzar y hemos salido juntos ya por varios meses".

Perfeccionista – normas elevadas. El lema del melancólico es: *"Si vale la pena hacer algo, vale la pena hacerlo bien".* El hecho no consiste en lo rápido que pueda hacer algo, sino en lo bien que lo haga. La calidad es siempre más importante que la cantidad, y cuando un melancólico está encargado de un trabajo, se sabe que lo hará correctamente y a tiempo.

Cindy me contó que, Felipe, su esposo melancólico, quiso que la casa fuera pintada de nuevo, pero, insistió que solamente él podría hacerlo correctamente. Empezó lijando todo a mano. Duró un año para terminar este trabajo y durante este tiempo la casa se veía en mal estado. Al terminar el año, la pintó cuidadosamente, pero luego fue trasladado a un empleo en otra ciudad y vendieron la casa. Ella reconoció que consiguieron un precio más alto a causa del excelente trabajo de pintura.

El joven melancólico que nos reparte el periódico me mostró unos dólares arrugados que tenía, y dijo que siempre los plancha antes de entregarlos porque odia los billetes arrugados. Sólo un melancólico plancharía su dinero.

Cuando pienso que soy una ama de casa ordenada, mi hijo melancólico, Fred, no considera que mis esfuerzos son suficientes. Una vez cuando Marita y yo salimos de viaje por unos días, Fred suspiró con alivio. Miró a su padre y dijo: "Ahora que ellas se van, puedo organizar esta casa y mantenerla bien ordenada". La primera noche limpió los tapetes con la aspiradora, quitó el polvo de los muebles en la sala* y reorganizó las porcelanas en filas melancólicas.

Hoy día cuando la mediocridad es aceptada por encima del promedio, el melancólico nos da un ejemplo de normas elevadas para seguir.

Económico. El melancólico no puede ser anti-económico y le encanta conseguir una ganga. Con tijeras Fred recorta de los periódicos los cupones ofreciendo descuentos y los guarda para cuando tenga la oportunidad de usarlos. En cambio yo, si me acuerdo de hacerlo, los arranco a mano y llego al almacén con varios pedazos de papel. Los sanguíneos nunca presentan esos cupones ofreciendo descuentos, pero los melancólicos se aseguran de recibir todo lo que merecen.

Fred no sólo busca las gangas, sino que revisa la basura para estar seguro que no he botado algo que todavía sirve. El decidirá que un frasco vacío de mayonesa podría ser muy útil si yo lo lavara; que las bananas que he botado servirían para hacer pan de banana; y que una escoba vieja serviría unos días más. Si quiero estar segura que él no encuentre algo que he botado, tengo que llevarlo a la casa vecina y esconderlo en la basura.

Mi abuela guardaba un frasco rotulado CUERDAS DEMA-SIADO CORTAS PARA USAR. Otra señora melancólica que conozco guarda todas las sobras de comida en envases plásticos en la nevera. En cada envase escribe el contenido y la fecha en que lo guarda. Los de hoy los pone coloca y así ella come las sobras en orden y nunca desperdicia nada.

Honda preocupación y compasión: El melancólico se preocupa por los demás y es sensible a sus necesidades. Mientras el Sanguí-neo busca ser el centro de atención, el melancólico está observan-do a otros y es compasivo a sus problemas. Una amiga melancólica, muy querida, me contó que se conmovió tanto que empezó a llorar cuando vio en televisión un avión cargado de huérfanos vietnamitas llegar a los Estados Unidos. Su colérico esposo preguntó: "¿Por qué lloras? ¡No conoces a ninguno de ellos!".

Cuando vamos a mirar el Desfile de los Excombatientes, Fred se emociona cuando ve la bandera nacional, y piensa de todos los soldados norteamericanos que han muerto en tiempos de guerra. Al mismo tiempo, yo estoy buscando caras conocidas entre los espectadores con la esperanza de organizar una fiesta después del desfile.

Como los melancólicos tienen la capacidad de sentir simpatía por las demás personas, son excelentes consejeros. Están dispuestos a escuchar los problemas de otros, analizarlos, y proponer soluciones viables. Los sanguíneos no pueden estar quietos el tiempo suficiente para escuchar las penas de los demás, y no les gusta involucrarse en algo negativo, pero el melancólico tiene sincera compasión por otros y se preocupa de verdad.

Busca la pareja ideal. Como el melancólico es perfeccionista, quiere conseguir el cónyuge perfecto. Hace amigos con mucha cautela, esperando ver si cumplen sus expectativas, y prefiere tener unos pocos íntimos y leales amigos a diferencia del Sanguíneo que prefiere tener un gran número de amigos.

Antes de proponerme matrimonio, Fred hizo una lista de todos los atributos que pensaba indispensables en una esposa. Me comparó con la lista y el resultado indicaba que yo cumplía con casi el 90 por ciento de sus requerimientos. El calculaba que tenía el resto de su vida para mejorar el otro 10 por ciento. ¿Pero qué ocurrió después de casarnos? Los pequeños defectos se aumentaron, y los detalles faltantes llegaron a ser necesarios.

Después de unos meses Fred se preocupó por mi falta de mejoramiento y cuando me contó de su lista me quedé bastante molesta, especialmente por el hecho de haber considerado que yo había fracasado. Si sólo hubiéramos sabido de los temperamentos, yo hubiera entendido sus listas y su deseo por la perfección y él se hubiera dado cuenta que sus normas eran demasiado elevadas para una sanguínea. Se hubiera podido evitar no sólo estos sino muchos otros problemas.

Cuando compartimos esta experiencia en un seminario, una lindísima mujer joven se acercó para hablar con nosotros. Unos años antes, ella había hecho una lista de las doce características que su hombre ideal debía llenar y con esa había comparado todos sus novios. Uno llenaba nueve de estas características y aunque se habían comprometido hace siete años, ella seguía esperando que llenara los cinco restantes antes de casarse con él. Aconsejamos que lo aceptara tal como era o que lo dejara libre para que pudiera encontrar a una joven con una lista de nueve o menos requisitos. Más tarde nos contó que había roto su compromiso. Buscando lo ideal en la vida es una meta positiva, pero tenemos que aceptar que nunca encontraremos personas perfectas. El melancólico es idealista, organizado y determinado.

> *El prudente ve el peligro y lo evita; El imprudente sigue*
> *adelante y sufre el daño*
>   Proverbios 27:12 (Dios habla hoy).

5

Examinemos Nuestras Emociones

¡Descanso! (para unos minutos de reflexión).

Estoy segura que ya todos entienden el temperamento alegre y jovial del sanguíneo y el introspectivo y analítico del melancólico. Ambos temperamentos, aunque son totalmente opuestos en sus metas y reacciones, tienen un importante rasgo en común. Ambos son emocionales y temperamentales. El sanguíneo es controlado por sus sentimientos y su vida es una serie de altibajos. Un sanguíneo típico puede tener seis crisis emocionales antes de mediodía. O todo es maravilloso o todo es terrible. Una madre sanguínea puede estar hablando alegremente por teléfono y su hijo se cae de la silla. Ella grita, "¡Se mató!" y deja caer el teléfono. Alza el niño y corre por la casa, ambos gritando, buscando el esparadrapo. Suena el timbre y es el pastor que ha venido a hacer una visita. Lo invita a pasar, rápidamente lleva el niño a su cama, le tira una toalla para que se limpie la sangre y dice: "No te atrevas a llorar; es el pastor". Entra majestuosamente a la sala y en un tono amable dice: "¡Que día tan bonito!".

¿Puede imaginar el desgaste emocional que esta clase de vida le causa a un sanguíneo? Si trazara las emociones del sanguíneo en un diagrama gráfico, subirían y bajarían, subirían y bajarían. . .

El melancólico observa esta frenética manera de vivir con una opinión crítica: "Si ella sólo se tranquilizara". "Si el sólo se serenara".

Patrón prolongado: El melancólico no se da cuenta que él también es emocional, salvo que sus "subidas" son más altas y sus "bajadas" son más bajas y dura más tiempo en estos estados de ánimo. Por ejemplo, tenemos un melancólico que está tranquilo y de buen humor. Por la mañana coge la bolsa con su almuerzo preparado por su esposa sanguínea y encuentra que a ella se le ha olvidado preparar un sandwich. El le dice y luego mira mientras ella prepara uno con afán. Chupa sus dedos mientras mete una hoja de lechuga en el sandwich y el piensa, *"¡Tan antihigiénica!* pero claro, como el no es tan emocional como ella, no dice nada. Ella coge el sandwich, pero al meterlo en la bolsa lo deja caer al piso. El mira mientras lo recoge y lo limpia diciendo, "Un poquito de polvo nunca hizo daño a nadie". Con esto el melancólico pierde su apetito y se pregunta porqué no pensó en comer en un restaurante.

Sale de la casa con una ira incipiente pero controlada. Al día siguiente otra vez se le olvida a ella, pero él empieza a preparar su sandwich. El jamón está mohoso y el pan duro porque ella no lo envolvió correctamente. El le muestra el jamón y el pan y ella se deshace en lágrimas. Ella es tan emocional e inestable.

Al tercer día él mismo prepara el sandwich. Ha comprado los ingredientes correctos y se encoleriza cuando la escucha conversando y riendo por teléfono, en vez de ayudarlo. Sale sin despedirse y cierra con un golpe la puerta. Ella necesita una sacudida. Cuando regresa a casa por la noche casi no habla y ella pregunta qué le pasa. El no responde y ya empezó el disgusto.

El continúa deprimido y disgustado por una semana, hasta que por fin dice que la culpa es de ella por no haber recordado prepararle el sandwich. Ella grita: "¿Tú no me hablas por una semana por culpa de una tajada de jamón?".

El se hunde más en su depresión y se pregunta porqué ella es tan emocional. Se necesitan varias semanas en que ella prepara obedientemente los sandwiches para que él se normalice. ¿Ve el patrón? Ambos son emocionales y se dejan dominar por la situación. Los altibajos del sanguíneo duran por un minuto y los del melancólico por un mes.

Mucho en común: Cada uno considera que el otro es demasiado emocional. El melancólico puede probar que el sanguíneo vive en permanente crisis nerviosa. El sanguíneo no puede creer que alguien puede sentirse tan deprimido por cosas sin importancia. Cuando estos dos empiezan a entender sus emociones, se dan cuenta que tienen mucho en común. Ambos son emocionales pero a un ritmo distinto. Cuando pueden exteriorizar sus problemas, la tensión se afloja. El melancólico puede ayudar a aliviar algunas de los crisis diarias del sanguíneo y éste con una mejor planeación y comprensión, puede prevenir las depresiones súbitas del melancólico.

Tratando con el colérico y el flemático: Mientras el sanguíneo y el melancólico son de temperamento emocional, estos dos no son tan complejos. El colérico es una persona vigorosa, determinada y decidida con un solo objetivo: *¡Hacer las cosas a mi manera AHORA!*

El flemático es una persona tranquila, adaptable y serena que quiere evitar controversia y enfrentamientos a toda costa.

El colérico puede estallar de ira por un momento cuando no se hacen las cosas como a él le gustan, pero después de regañar a todos, el piensa que todo se terminó y se tranquiliza. El flemático puede deprimirse momentáneamente cuando algo imprevisto ocurre, pero es tan leve su cambio de temperamento que nadie se da cuenta. El flemático se ufana de su estabilidad emocional y dice: "Nunca dejo que alguien sepa lo que siento".

Se puede saber lo que siente el sanguíneo porque sus emociones suben y bajan como si fueran controlados por un interruptor.

Se puede conocer el genio del melancólico, si está acompañado por una nube negra o no.

Pero el colérico siempre es dinámico y optimista, y el flemático constante y moderado.

Así como el frívolo sanguíneo es atraído por la melancólica reservada y el melancólico introvertido siente atracción por la sanguínea extrovertida, el dominante colérico ama a la flemática tranquila y el flemático de temperamento indeciso busca una persona resuelta.

El sanguíneo y el melancólico pueden llenar lo que falta en el temperamento del otro, y el colérico y el flemático pueden complementarse mutuamente cuando empiezan a entender y aceptar el temperamento del otro. Al continuar el estudio de los temperamentos colérico y flemático, entenderán lo que quiero decir.

"Para aprender, usted tiene que ser enseñado. . .".

Proverbios 12:1

6

A Movernos con El Colérico

¡Cuánto necesita el mundo del colérico!

La cabeza fría cuando otros pierden la suya.

La decisión clara que ilumina mentes confusas.

El liderazgo para guiarnos al bien.

La audacia para arriesgarse en
situaciones ambiguas.

La confianza inquebrantable
ante el desprecio.

La independencia para mantenerse
firme ante la adversidad.

El guía cuando nos extraviamos
de la meta.

El impulso de "tomar armas
contra un mar de problemas y, luchando, acabar con ellos".

El colérico es la persona dinámica que sueña con lo imposible y
aspira alcanzar la más lejana estrella. El colérico siempre está
planeando, alcanzando, teniendo éxito. Mientras el sanguíneo está

hablando y el melancólico está pensando, el colérico está llevando algo a cabo. Es fácil simpatizar y entender una persona de temperamento colérico con tal que uno se ciña a su regla: "¡Hágalo como *yo* digo, AHORA!".

Los coléricos y los sanguíneos son parecidos en que ambos son extrovertidos y optimistas. El colérico puede comunicarse abiertamente con los demás y sabe que todo saldrá bien –siempre y cuando el tenga el liderazgo. Cumple más que cualquier otro temperamento y deja conocer su punto de vista. Como tiene motivación y cualidades innatas de liderato, generalmente tiene éxito en su profesión. La mayoría de los líderes políticos son coléricos. Al comienzo de los años ochenta, vimos dos excelentes ejemplos, un hombre y una mujer: el Secretario de Estado Alexander Haig y la Primera Ministra del Reino Unido Margaret Thatcher. En un artículo de la Revista *Time* (Marzo 16, 1981), titulado "El Vicario Se Hace Cargo," (The Vicar Takes Charge), George J. Church escribe:

. . .Raras veces un Secretario de Estado se ha movido tan rápidamente para hacerse cargo de los asuntos exteriores como lo ha hecho **Alexander Meigs Haig, Jr.,** de 56 años antiguo Jefe de Personal de la Casa Blanca durante los difíciles días del escándalo Watergate, antiguo comandante en jefe de la O.T.A.N., soldado-burócrata-diplomático cuya confianza en sí mismo está igualada sólo por su voluntad de hierro. El Senador demócrata de Massachusetts, Paul Tsongas, dijo al terminar la audiencia de ratificación: "El aprovechará su talento para dominar esta administración".

Si no es así, no será por falta de voluntad para hacerlo. Poco después que Reagan anunció su nombramiento en Diciembre, Haig manifestó su determinación de controlar todo despidiendo a varios miembros del equipo de enlace que había venido estudiando la política exterior; arrojó sus informes mediocres en la trituradora de papel. Unas horas después que Reagan prestó juramento, Haig entregó al consejero presidencial, Edwin Meese, un memorándum proponiendo una reorganización del sistema de mando de la política exterior que daría al Secretario de Estado toda autoridad: hace dos semanas, Reagan aprobó un memorándum concediendo a Haig casi toda la autoridad que éste quería. Haig escogió su equipo de colaboradores con más rapidez que cualquier otro miembro del gabinete. . .

Se pueden ver palabras que tipifican a los coléricos *rápidamente, control, confianza en sí mismo, voluntad de hierro, dominar, determinación, consignar, reorganización, sistema de mando, autoridad, memorándum, más rápido*.

Cuando empieze a entender los temperamentos y a aplicarlos en su vida diaria, hasta leer la revista *Time* sería más divertido y su capacidad de comprender a los demás y predecir sus reacciones aumentará rápidamente.

Un artículo sobre Margaret Thatcher también contenía muchos términos coléricos: *sobresalió, dominó, talentosa, capaz, decisiva, intensamente competitiva, tenaz, desafió, tácticas agresivas, enemigo mortal, resiente sugerencias*. Es fácil llegar a la conclusión que la primera ministra es una dama colérica. Una descripción de ella es "se viste con austeridad en colores fuertes y habla en un tono persuasivo". Aquí está una mujer dinámica en una posición de liderazgo, exudando confianza y control.

Jefe nato: El colérico muestra una tendencia hacia el liderazgo desde su temprana edad. Es un jefe nato y observa la vida desde su cuna y planea cuándo puede empezar a manipular a la mamá. Con él, no es cuestión de *si tomará control,* sino *cuándo.* El informará a sus padres lo que espera de la vida, empezará a pedir sus derechos; y gritará o le dará rabietas para asegurar su control.

Muchas veces cuando hablo con madres que no entienden los temperamentos, me cuentan de estos obstinados niños que no hacen lo que se les dice; que toman decisiones que afectan a toda la familia; y que desde muy temprana edad, se encargan del hogar.

Nuestra hija Lauren es colérica. Desde que pudo caminar ha sido responsable y capaz de manejar la casa. Cuando nació Marita, Lauren que tenía cuatro años, fue una competente segunda madre. Sabía preparar el tetero correctamente y fue ella quien entrenó a las niñeras. Cuando asistía a la guardería infantil, la maestra me dijo: "Si tengo que salir del salón, no me preocupo, porque Lauren es capaz de mantener toda la clase en orden". Y tenía razón. Durante todos los años de estudio Lauren era una líder y se graduó en sicología y economía.

Hace poco visité un hogar donde Jenny de ocho años era la indiscutible reina. Sus cuatro hermanos y hermanas mayores se movían cuando ella mandaba. Su colérica madre manejaba el negocio familiar, pero cuando regresaba a la casa era sumisa a Jenny. "Es más fácil que luchar con ella," decía.

Una noche la madre dijo, "Vamos a llevar a la señora Littauer a un restaurante especializado en carne para cenar".

Jenny anunció: "¡Yo quiero pizza!".

En ese momento Jenny y yo supimos que iríamos a la pizzería, pero su madre tenía que mostrarse firme delante de mí, así que repitió, mientras apretaba el brazo de Jenny, "Vamos a comer *carne asada*".

Jenny se zafó diciendo, "No me pellizques. Yo quiero comer pizza". Miró con rebeldía a su madre y era claro quién obtendría la victoria.

Jenny se tiró al piso y empezó a llorar. Los hermanos y hermanas entraron corriendo y preguntaron, "¿Qué pasa con Jenny?".

" Se ha puesto así porque quiere comer pizza".

"¿Entonces porqué no vamos a la pizzería para que ella esté contenta?".

Bueno está bien. "Iremos a comer pizza".

Al oír eso, Jenny se puso en pie de un salto, me guiñó el ojo y todos fuimos a comer pizza.

Al día siguiente pregunté a su madre: "¿Cuándo empezó Jenny a manipular a todos en la casa?". La madre suspiró, "Supongo que cuando tenía tres meses. Ella se dio cuenta que cuando gritaba, todos veníamos corriendo y desde entonces nos ha dominado".

En un viaje desde Canadá, Marita, quien combina mucho de temperamento colérico con algo de sanguíneo, tenía que volar a Spokane para cambiar de avión para Seattle y luego coger otro avión a Los Angeles. Cuando el avión aterrizó en Spokane, le informaron, sin más explicaciones, que no había vuelo a Seattle. De todos modos caminó hacia la sala de espera y se encontró con un grupo de perturbados pasajeros pero, ningún representante de la aerolíneas. Buscó un empleado y consiguió toda la información que pudo. Luego regresó y se sentó sobre el mostrador y a cualquier persona que preguntaba compartía lo poco que había averiguado. Pronto los demás pasajeros la miraban en busca de instrucciones, hasta para ir al baño de los hombres.

Cuando era obvio que el vuelo se iba a atrasar por varias horas y los pasajeros estaban a punto de amotinarse, Marita fue a la oficina de la compañía Hertz y averiguó el costo de alquilar autos para hacer el viaje a Seattle. Con los datos, regresó y otra vez se sentó sobre el mostrador y llamó la atención de los pasajeros. Todos escucharon mientras ella explicaba el Plan B. Ella pidió a los que estuvieran de acuerdo en ir a Seattle en auto, alzar la mano. Luego los dividió en grupos de seis, nombró un conductor para cada grupo y un tesorero para recoger el dinero. Mientras Marita los guió a la oficina de Hertz, una señora dijo: "Que lindo detalle de la línea aérea contratar a una joven tan encantadora para ayudarnos".

En tiempos de crisis el colérico toma el mando.

Una necesidad compulsiva de cambiar todo. El colérico es una persona compulsiva y tiene que cambiar lo que está fuera de lugar, y corregir cualquier injusticia que sufren los desamparados. El colérico está siempre listo a luchar y hacer campaña a favor de causas justas. Nunca es indiferente ni apático sino interesado y seguro.

El colérico endereza los cuadros en las casas de otras personas y en los restaurantes le da brillo a los cubiertos. Un día, en la casa de una amiga sanguínea, ayudaba a lavar la loza cuando vi que la gaveta donde guardaba los cubiertos estaba llena de migajas y los cuchillos y tenedores revueltos. Sin pensar, saqué todo de la gaveta, limpié el portacubiertos y ordené todo en el comportamiento correcto. Cuando ella vio todos los tenedores en una sección y las cucharas en otra, abrió los ojos y dijo: "Ahora entiendo porqué los portacubiertos tienen esos pequeños compartimientos. Nunca supo el porque".

Durante un seminario sobre *"Personalidad enriquecida"* celebrado en Phoenix, Arizona, mi colérica amiga Marilyn y yo estábamos ensimismadas en una conversación, cuando se acercó su hermana Mary Sue. Ninguna de las dos dejamos de conversar, pero vi que el cuello del vestido de Mary Sue estaba doblado hacia adentro así que automáticamente alcé la mano para arreglarlo. Cuando tenía la mano en su hombro, vi la mano de Marilyn sobre el otro hombro, limpiando unos cabellos de la chaqueta. Sin pensar en lo que hacíamos, nosotras dos coléricas, nos pusimos compulsivamente a arreglar unas cositas.

Voluntad fuerte y decisiva. Toda organización, negocio y familia necesitan de la fuerza de voluntad y la capacidad de tomar decisiones que es inherente en el colérico. Cuando otros no pueden decidir, el colérico decide en el acto. Soluciona problemas y ahorra tiempo, aunque no todos aprecian su disposición.

Helen se me acercó después de un seminario y dijo: "Ahora entiendo lo que pasó durante mi visita a Europa. En aquel entonces no sabía de los temperamentos, pero obviamente fui de vacaciones con tres amigas flemáticas". Luego me contó de lo indecisas que eran y como a ella le tocó organizarlas. "Cada noche les dije la hora que tenían que estar en el lobby del hotel y que ropa vestir". Estén en el lobby a la 7.30 a.m. en punto, y no olviden ponerse zapatos cómodos porque vamos a ir al "Castillo de Windsor". No se emocionaban nunca y me tocó insistir que se bajaran de los autobuses para visitar los monumentos. Una no quiso entrar en Notre Dame diciendo que todas las catedrales son parecidas. Cada tarde cuando regresamos al hotel ellas querían echar la siesta y yo tuve que recordarles: "No duerman demasiado o perderán el tour organizado para esta noche". Si no hubiera sido por mí ellas todavía estarían paradas en la Plaza de Picadilly. Y la cosa más difícil de aceptar es que ninguna me ha llamado desde que regresamos.

El rol de los coléricos en la vida es muy difícil. Tienen las respuestas, saben lo que hay que hacer; pueden tomar decisiones rápidas; sacan a otros de problemas –*pero* raras veces son populares porque su confianza en sí mismo y su fuerte voluntad pueden amedrentar a otros, y por su tendencia hacia el liderazgo pueden parecer muy mandones. Cuando entienden su temperamento, los coléricos deben intentar modificar sus acciones, para que otros respondan positivamente a sus obvios talentos.

Saben dirigir todo: Los coléricos pueden dirigir todo, no interesando si conocen los reglamentos o no. Por ejemplo, nunca me he unido a ninguna organización donde no haya llegado a ser la presidente dentro de un año. En una ocasión me nombraron presidente de la Asociación de Arte y Drama de Connecticut en la primera reunión a la cual asistía –inclusive *antes* de ser miembro de dicha organización. El colérico tiene el talento innato de llegar arriba y tomar el control.

Una de las disciplinas más difíciles que he tenido que imponerme es dejar de arreglar los problemas de todos los demás. Esto puede parecer una cosa sencilla para todos ustedes, menos para los coléricos, quienes inmediatamente quieren dirigir todo no importa si se han informado antes o no. La esposa colérica de nuestro alcalde y yo asistimos a un banquete junto con otras quinientas damas. Habían colocado las largas mesas en forma de V, así que luego de servirse del buffet las dos filas de damas se encontraban, a veces con resultados desastrosos. Varias chocaron sus platos derramando la comida y algunas dejaron caer sus platos los cuales se rompieron en pedazos al chocar contra el piso embaldosado. La fila se movía muy despacio, y aún antes que las de nuestra sección nos uniéramos a la fila, se acabó la comida. Desde mi asiento, valoré coléricamente la situación y vi que Penny también estaba pensativa. Le pregunté qué estaba planeando, su respuesta era exactamente lo mismo que yo estaba pensando. Ambas decidimos que hubieran debido poner las mesas en forma de X, que hubiera permitido a cuatro filas avanzar simultáneamente, sin encontrarse una con la otra.

Nos reímos al darnos cuenta que nuestras mentes coléricas estaban arreglando los errores cometidos por otros, aun cuando la organización del banquete estaba fuera de nuestras manos. Las respuestas a los problemas de la vida son obvias a los coléricos y no pueden entender por qué otros no han llegado a la misma conclusión.

Orientado hacia metas: El colérico siempre tiene más interés en llevar a cabo sus planes que en agradar a otros. Esto tiene resultados positivos y a la vez negativos, porque tienden a quedar solos en la cima. La presidenta de un club de damas fijó unas metas increíbles para el año. Motivó a las damas e insistía en que todas trabajaran constantemente. Al terminar el año, este club ganó más premios que cualquier otro, pero ella confesó, "En el grupo no me queda ni una amiga".

Cuando yo era presidenta del club de damas de San Bernardino, pedí a una señora colérica servir como líder de un comité, y ella respondió: "Me encantaría hacerlo con tal que no insistes en que trabaje con un comité. Esas mujeres me estorban".

Los coléricos siempre pueden trabajar mejor si logran mantener a los demás a un lado. Frecuentemente llegan a ser solitarios, no porque así lo quieran, sino porque nadie puede mantener su ritmo y dan a entender que otros están impidiendo el progreso.

Buen organizador: Puesto que tengo la oportunidad de visitar muchos hogares, observo como madres de diferentes temperamentos crían a sus hijos. Mi amiga Connie que vive en Phoenix es una típica colérica cuya casa funciona tranquila y eficazmente, por la manera en que ella organiza y hace que sus hijos cumplan sus instrucciones. Sus dos hijos, Andy, un colérico y Jay, un flemático, están tan bien enseñados que son capaces de cuidar la casa, aun cuando ella no esté. Una noche, Marita y yo llegamos más tarde de lo esperado y Connie había salido a una reunión. Andy nos recibió a la puerta y dijo: "Mi madre salió, pero Jay y yo les prepararemos la comida". Observamos mientras ellos preparaban la comida y vi una tarjeta sobre la mesa con estas sencillas instrucciones:

ANDY: Prepara la ensalada, hoja de lechuga, fruta encima.

       Sirve la sopa.

JAY: Sirve el jugo.

       Calienta el pan.

El postre está en la nevera. Rocíalo con hojas de hierbabuena.

En pocos minutos ambos habían terminado su trabajo y disfrutamos una buena comida juntos. Pocos niños de diez y doce años hubieran podido trabajar con tanta eficacia, pero habían sido enseñados por una madre organizada y consistente. Al echar un vistazo por la casa vi que Connie había colocado unas tarjetas con sencillas instrucciones en lugares estratégicos. Encima del televisor había una tarjeta que decía: *UNA HORA DE TELEVISION CADA NOCHE ENTRE SEMANA, SI HAN TERMINADO SUS TAREAS. LOS FINES DE SEMANA TELEVISION CON PERMISO.*

Sobre el piano una tarjeta llevaba las palabras: *CUENTE EN VOZ ALTA.* En el cuarto de baño, pegada con cinta al espejo, otra tarjeta decía, MANTENGAN LAVAMANOS Y ESPEJOS LIMPIOS y en la cocina otra que decía, MULTA DE 25¢ SI NO LLEVAN LOS PLATOS AL LAVAPLATOS.

A madres de otros temperamentos tanta organización les parece demasiado trabajo, pero sé por experiencia que resulta un hogar feliz y eficiente. Desde que mis hijos eran pequeños, les enseñé a ayudar en la casa y en la pared coloqué una lista de trabajos para que cada uno supiera lo que tenían que hacer ese día. En mi opinión cuando la madre se mantiene firme, todo anda bien en la casa. Cuando la madre trabaja, todos trabajamos.

Creo que el hecho de que mis hijos hoy día sean disciplinados en su trabajo, aunque son de diferentes temperamentos, se debe a que los organicé y les enseñé bien. En todo negocio u hogar la organización es necesaria para alcanzar metas. La persona que no sabe a dónde va, nunca llega. El colérico es un experto en rápida y práctica organización.

Delega trabajo: El mayor talento de un colérico es su capacidad de llevar a cabo más trabajo que otros, ayudado por su talento de organización. Cuando mira a cualquier trabajo ve instantáneamente como se debe hacer. Sabe toda la ayuda con que puede contar y rápidamente delega trabajo a su equipo. Es capaz de dar responsabilidades a espectadores ociosos (puesto que piensa que cualquiera preferiría trabajar que estar ocioso).

Cuando crecían nuestros hijos, como Fred y yo somos predominantemente coléricos, preparamos "Carteleras de trabajo", en que anotamos todos sus quehaceres para cada día. Al regresar del colegio, miraban a la cartelera y hacían su trabajo antes de salir a jugar. Si un amigo de nuestros hijos se quedaba en la casa por más de tres días, añadía su nombre a la lista y le asignaba trabajo. Escuché a un niño decir a Fred, "Creo que tu madre me quiere. Puso mi nombre en la Cartelera de trabajo".

Creo que muchas madres no se dan cuenta de la mano de obra gratuita que está en sus hogares, porque les parece demasiado trabajo organizar un sistema sencillo de delegar responsabilidades.

Por lo general el colérico está tan ansioso de mantener todo bajo estricto control que solamente delega las tareas secundarias y guarda lo importante para sí mismo. Llevado a un extremo, este control impide que el colérico logre llevar a cabo lo que hubiera podido hacer si hubiera aprendido a confiar en otros y delegar sabiamente el trabajo.

La oposición lo estimula: Los coléricos no solamente están orientados hacia objetivos, sino que la oposición los estimula. Si los sanguíneos empiezan un trabajo y alguien dice que es imposible hacerlo, ellos agradecen a esa persona profusamente y abandonan el trabajo. Los melancólicos sufren remordimiento por el tiempo perdido en planear y analizar la situación, y los flemáticos están contentos de que no se puede hacer, porque les parecía mucho trabajo. Pero diga a un colérico que algo es imposible y se decide más a lograr su objetivo.

Lorna me contó que si su esposo se hacía el de la vista gorda cuando ella le pedía hacer un trabajo en la casa, podía conseguir que lo hiciera diciendo, "Tu madre me visitó hoy y le dije que tú ibas a colgar las cortinas, pero ella dijo: "¡Joe no tiene ninguna idea de cómo colgar cortinas!". Entonces él se levantaba e inmediatamente colgaba las cortinas.

Muchos coléricos deciden ser deportistas profesionales porque les estimula el desafío de la oposición. Puede ser que otros temperamentos se acobarden al tener que enfrentarse con once hombres fornidos en la cancha de fútbol, pero el colérico se emociona en el calor de la batalla. Los coléricos, hombres y mujeres, poseen el instinto de matar, el deseo de luchar contra fuerzas superiores, que los hace subir rápidamente a la cima de su profesión. La crítica no los desanima, ni los acobarda el desinterés de los demás. Fijan sus ojos en el objetivo y la oposición los estimula a seguir adelante.

Poca necesidad de amistades: Mientras el sanguíneo necesita tener amigos para que le escuchen y el melancólico los necesita para que lo apoyen, el colérico no necesita tener amigos. No es que el colérico sea insociable; sino que no necesita de otras personas. Tiene sus proyectos, y considera todo lo que lo distrae de su objetivo como una pérdida de tiempo. El colérico trabaja en grupo cuando es por un propósito utilitario y está gustoso de ayudar a recoger fondos, pero no quiere gastar su tiempo en detalles.

Generalmente tiene razón: El colérico tiene una capacidad innata para juzgar situaciones y da su opinión sólo cuando está seguro que tiene la razón. Aunque este rasgo puede ser de gran ventaja, las demás personas no siempre lo aprecian. Missy me contó que su esposo colérico nunca se equivocaba y que esto la molestaba. Ella tenía la esperanza que algún día podría cogerle en una falta que demostrara que el también era humano. Sin embargo un día le llegó la idea que si necesitara un gerente para administrar los asuntos familiares, quisiera que fuera uno que no cometiera errores. Se dio cuenta que ya tenía uno que trabajaba *gratis*, y desde aquel día lo aprecia mejor.

Sobresale en emergencias: A la parte colérica en mí le encantan las emergencias. Una noche, justo cuando yo iba a hablar a un grupo de damas en Santa Rosa, hubo un apagón en esa parte de la ciudad. Algunas gritaban y otras se reían nerviosamente mientras intentaban coger sus vasos de agua en la oscuridad. Cualquier conferencista, menos una colérica, hubiera aconsejado terminar la reunión, pero yo empezaba a planear una nueva introducción a mi discurso. Frases como:

"He llegado a la edad cuando me veo mejor en rincones oscuros".

"Debido a que no hay nada a qué mirar, tienen que escucharme".

Mientras pensaba en esta nueva introducción a mi discurso, las luces regresaron y Santa Rosa nunca oyó mi preludio sobre las maravillas de la oscuridad.

En otra ocasión, en el Auditorio Shrine en Indianápolis, cuando estuve en la mitad de mi discurso, una banda de treinta gaiteros empezó a tocar un aire escocés justo detrás del escenario. Ahogaron mi voz completamente y mientras la presidenta corrió a callar los gaiteros, cambié los siguientes puntos de mi charla. Pronto la música se desvaneció como el aire saliendo de un neumático y la presidenta anunció que la banda estaba ensayando para el desfile del próximo sábado sin saber que nosotras estábamos al otro lado de la pared. Rápidamente comenté lo apropiado que resultaba que una banda escocés tocara durante mi charla porque mi madre, Katie MacDougall, cuando era joven tocaba la gaita y desfilaba vestida con su falda escocesa. Luego terminé la historia de mi vida contándoles de mi origen escocés.

A los coléricos les encantan las emergencias, para que puedan superar situaciones inesperadas y tomar otros caminos, especialmente cuando están acompañados por una banda de treinta gaiteros.

Si no hay buen gobierno, la nación fracasa; el triunfo depende de muchos consejeros.

                                          Proverbios 11:14 (Dios Habla Hoy).

7
Relajémonos con El Flemático

¡Oh, cuánto necesita el mundo del flemático!

La estabilidad para no desviarse
de su meta.

La paciencia para soportar a los
provocadores.

La capacidad de escuchar a los
demás.

El don de poder reconciliar a
grupos enfrentados.

El deseo de paz casi a cualquier precio.

La compasión para consolar a los que sufren.

La determinación de mantener fría la cabeza, mientras otros
pierden los estribos.

La habilidad de vivir de tal manera que ni aun sus enemigos
encuentran algo que criticar.

Comprender los temperamentos es el primer paso hacia entender
a las personas. Si no podemos ver las diferencias innatas en otras

personas y aceptarlas tal cual son, pensaremos que todos los que no son como nosotros son algo raro.

Cuando entendemos los temperamentos, vemos por qué se atraen los opuestos. Aprendemos que cuando una familia está compuesta de miembros con diferentes rasgos temperamentales existe una variedad de actividades e intereses. No era el propósito de Dios que todos fuéramos sanguíneos. Disfrutaríamos mucho de la vida, pero nunca nos organizaríamos. Dios no nos hizo a todos líderes coléricos. Si lo hubiera hecho, no quedaría nadie para cumplir las órdenes de los coléricos.

Dios no quiso que todos fuéramos melancólicos perfeccionistas, porque si las cosas no salen bien, todos estaríamos deprimidos.

Dios *sí* creó a los flemáticos como personas muy especiales para proveer estabilidad y equilibrio a las emociones de los otros tres temperamentos.

El flemático modera los proyectos descabellados del sanguíneo.

El flemático no se deja impresionar con las brillantes decisiones del colérico.

El flemático no toma muy en serio los planes minuciosos del melancólico.

El flemático nos estabiliza a todos, mostrándonos que, "en realidad no interesa tanto". ¡Y a la larga, en realidad no interesa! Todos formamos parte de un plan complejo en que cada temperamento, cuando funciona correctamente, encaja en el lugar preciso y se une para formar un maravilloso y balanceado cuadro.

Se adapta a todo: Las personas con temperamento flemático son más fáciles para convivir. Desde que nace, un bebé flemático es una bendición para sus padres. Siempre es un encanto; está contento dondequiera que esté; y se adapta a un horario flexible. Le gusta tener amigos, pero no le interesa estar solo. Parece que nada lo intranquiliza y se deleita contemplando el mundo que lo rodea.

Mi yerno, Randy y su padre me contaron de la niñez flemática de Randy. Era fácil convivir con él y se adaptaba a cualquier situación. Siempre era un estudiante aplicado y su pasatiempo de

coleccionar monedas viene de su amor por la lectura. Dondequiera
que iban sus padres, llevaban con ellos a su único hijo y algunos
libros. Randy se acomodaba donde lo dejaban y leía sin molestar
a nadie. Su personalidad tranquila y su deseo de aprender le han
traído reconocimiento como experto en numismática y la presidencia de la Asociación Numismática del condado. Se lleva bien
con todos y conversa animadamente o se queda callado, según sea
la situación. Mi madre dice: "Ese Randy es un santo".

El temperamento flemático es el que más se acerca a la perfección: no se deja llevar por los excesos y extremos de la vida, sino
que se mantiene neutral, evitando conflictos y la necesidad de
tomar partido. La persona perfecta no ofende, no llama la atención
sobre sí misma, y calladamente cumple con sus deberes sin buscar
recompensa. Mientras el colérico es el "líder nato," el flemático
es el "líder renuente," y con la motivación correcta puede llegar a
ser un excelente líder, a causa de su capacidad de poder llevarse
bien con todos. Mientras el colérico quiere manejar todo, el
flemático tiende a esperar hasta que se lo pidan y nunca se ofrece
voluntariamente.

Un día cuando estuve en la cabina telefónica en un centro
comercial, una señora reconoció mi voz de los casettes de *"Enriquezca su personalidad"*. Empezamos a conversar y Burdetta, de
temperamento sanguíneo, me dijo que tenía que llamar a su
flemático esposo. Iba a pedirle que apagara la secadora de ropa,
para poder ir directamente a jugar al tenis. Yo estaba segura que
mi esposo Fred no consideraría eso como una excusa válida para
no ir a casa, pero ella me aseguró que su esposo dejaría todo para
ir y apagar la secadora porque sabía que el *"medidor del tiempo
de la secadora"* estaba roto y se dañaría la ropa. Mientras ella
pirueteaba en su ropa de tenis, le pregunté si podría anotar las
maravillas del perfecto esposo flemático y aquí están sus comentarios.

Querida Florence,

El lunes, 14 de diciembre, al frente de la cabina de telefónica
del centro comercial, una señora vestida con ropa de tenista

reconoció su voz y la saludó; ¡fui yo! Durante nuestra conversación me pidió describir los aspectos positivos de un esposo flemático y le dije que enviaría una carta, puesto que he estado felizmente casada con un flemático durante veinte años.

Como soy de temperamento sanguíneo/colérico tiendo a pensar que sólo los sanguíneos son personas divertidas y que sólo los coléricos tienen empuje. Siempre pienso que mi manera de hacer las cosas es la única correcta.

Cuando empecé a pensar cuáles serían los aspectos positivos de los flemáticos, el Señor me humilló. Me di cuenta que la fortaleza de mi vida y la estabilidad de mi matrimonio es mi esposo flemático.

Siempre sereno, lento para la ira (Proverbios 14:19), controlado bajo presión, nunca impulsivo, lógico, de confianza, leal y paciente (Eclesiastés 7:8). No impone metas para otras personas; no espera que su esposa o sus hijos asistan a cursos de mejoramiento personal, porque aceptan a las personas tal como son.

Los flemáticos son excelentes padres, aunque no son buenos para disciplinar. Su simpático modo de ser da como resultado hijos contentos. Mi hijo de diez años juega en un equipo juvenil de béisbol. A su padre no le interesa si gana o pierde; simplemente sigue animándolo.

Son jefes estupendos. A las personas les encanta trabajar para ellos. Puesto que no hay mucha presión o crítica, las secretarias se sienten motivadas a rendir un poquito más; su amor propio se aumenta en este ambiente resultando en mayor productividad.

Son muy diplomáticos. Con su naturaleza serena e impasible pueden calmar una situación tensa con unas palabras suaves.

Las mujeres flemáticas tienen una confianza natural en sí mismas que los hombres sanguíneos admiran. Tienen una feminidad tranquila y bien educada que las coloca aparte de las demás. Su espíritu suave y tranquilo (1 Pedro 3:4) hace que uno se siente bien.

Mi esposo flemático tiene un sentido árido del humor, que es el resultado de no tomar la vida demasiado en serio. Cuando me encontré con usted, llamaba a su oficina en Santa Ana para contarle que había dejado funcionando la secadora y pedirle que si iba a su otra oficina en Beverly Hills, podría pasar por la casa y apagarla. Su respuesta fue que no me preocupara; si se incendia la casa compraremos otra; luego añadió una frase antes de colgar –sabiendo perfectamente que yo nunca pago las cuentas de las pólizas de seguros ni estoy enterada si las tenemos o no– "¡Estoy seguro que pagaste la cuenta de la póliza contra incendio que llegó la semana pasada!". Muchas veces su sentido de humor me levanta los ánimos cuando me encuentro algo deprimida.

Los flemáticos realmente tienen cualidades maravillosas, y creo que los necesitamos.

Sinceramente,

Burdetta Honescko

Personalidad moderada: El flemático es tan agradable e inofensivo que cada familia, si no tiene los propios, debe importar algunos. Brenda vino a cuidar a nuestros hijos por una semana, y todos quedamos encantados con ella. En medio del bullicio de nuestra familia colérica, la personalidad moderada de Brenda nos ayudó a ver las cosas en perspectiva. Estuvo de acuerdo con cualquier proyecto que sugerimos –un rasgo realmente apreciado por coléricos, quienes siempre están planeando; y se adaptaba a todo. Nadie quiso que se fuera y llegó a formar parte de nuestra familia. Seis años más tarde dijo con el típico humor seco de los flemáticos. "La razón por la que no me fui era que me pareció demasiado trabajo empacar".

Tim fue elegido presidente de su clase y organizó un grupo de estudiantes para ir a la capital del estado a protestar. Su madre sanguínea estaba contentísima con este inusitado comportamiento agresivo y reunió a sus amigas para ver el noticiero de las seis cuando el grupo de Tim apareciera. Cuando apareció el desfile de protesta, no se veía a Tim en ningún lado, hasta que la cámara mostró unos espectadores y su desilusionada madre lo vio sentado en la acera, con su cabeza entre la manos. Se puso furiosa, y cuando el llegó a casa le preguntó por qué no estuvo al frente de su grupo. El respondió: "No quise ponerme en ridículo".

Aun cuando el flemático asume el liderazgo, muchas veces se

retira antes que se le note. No necesita recibir el crédito y lo último que quiere es quedar en ridículo.

Pregunté a un joven acerca de su amiga flemática. "¿Qué es lo que más le gusta de ella?".

Pensó por unos minutos y dijo, "Creo que todo, porque no hay nada que sobresale". Esta sencilla declaración resume a los flemáticos; no hay nada en su personalidad que sobresalga, pero son personas tan agradables y bien equilibradas que uno disfruta estar con ellos. No son presumidos y no se dejan ver mucho. Un hombre flemático dijo: "Supongo que solamente soy una persona promedio". Y otro suspiró con incredulidad, "Es que me sorprende mucho cuando la gente me aprecia". La humildad y suavidad del flemático es muy agradable y muestra unas cualidades positivas que los otros temperamentos pueden emular en el camino hacia la santidad.

Despreocupado. Al flemático le gusta tomar las cosas con calma y por etapas. No le gusta pensar en el futuro. Nuestro hijo Fred invitó a un amigo a la casa un día y le pregunté si quería quedarse para cenar con nosotros. Respondió: "Tengo que pensarlo. Cuando llegue la hora le diré". Serví un plato para él también y se quedó.

Al terminar la cena encendí el televisor y le pregunté, "¿Hay algún programa en particular que te gustaría ver?".

Dijo: "Ese está bien".

Más tarde durante un anuncio publicitario, musitó entre dientes, "Quería ver el partido de béisbol".

Le pregunté, "¿Por qué no lo dijiste?".

"Pensaba que no le gustaría". El flemático nunca quiere molestar y calladamente acepta el *status quo* por no pedir un cambio.

Fred tiene otro amigo flemático que es tan despreocupado que escasamente se mueve. Un día estaba acostado en mi sofá vestido en *blue jean* rotos, una camiseta desteñida, pelo largo despeinado y descalzo.

Comenté: "Mike, no parece que tomaste mucho tiempo en arreglarte hoy".

Un joven sanguíneo sentado en el otro sofá dijo: "Mike prefiere un *look* que no requiera mucho mantenimiento".

¡Que expresión tan perfecta para describir a un flemático!

Sereno, tranquilo, dueño de sí mismo: Una de las características más admirables de un flemático es su capacidad de mantenerse sereno en cualquier situación. Mientras el sanguíneo grita, el colérico reacciona violentamente, y el melancólico se deprime, el flemático se mantiene sereno. Espera unos minutos, evalúa la situación y luego con tranquilidad toma la decisión correcta. No se deja llevar por sus emociones; la ira simplemente no entra en su corazón. "No vale la pena que me inquiete por esto," es lo que piensa.

Estoy segura que mis hermanos y yo causamos muchos momentos de angustia a mi madre flemática cuando éramos pequeños. Cuando hacíamos mucho ruido, nos encerraba en un pequeño cuarto y decía: "No me interesa lo que hagan aquí, con tal que estén serenos y tranquilos".

Paciente bien equilibrado: El flemático nunca tiene afán ni se agita por situaciones que preocupan a los demás. Gladys, de temperamento colérico me contó esta historia.

Después de un día visitando familiares, quise regresar rápido a casa a descansar. Antes de llegar a la autopista, Don dijo, "Tenemos que comprar gasolina". Yo pensé que había suficiente en el tanque para llegar a casa, pero el no quiso arriesgarse, así que entramos en un garaje de auto-servicio. Llevé a mi pequeña hija al baño y regresé esperando que estuviera listo para seguir el viaje. Pero estaba parado al pie del auto con el dinero en la mano. "¿Porqué no has pagado?" grité: "Yo tengo prisa". Me explicó que no sabía a quién pagar.

Vi a un hombre que parecía ser un empleado y envié a mi esposo a entregarle el dinero. Desafortunadamente, el no quiso recibir el dinero porque era un miembro de la Fuerza Aérea. Apareció un empleado y se negó a recibir el billete de veinte dólares porque solo podía aceptar la cantidad correcta. No teníamos el dinero exacto y me enojé con el empleado. Don calmadamente sugirió que fuéramos al supermercado para cambiar el billete. No quise gastar el tiempo, pero no había otra solución. Yo quise ir directamente a la cajera y pedirle que cambiara el billete, pero Don dijo que eso no sería correcto. Tendríamos que comprar algo.

"No necesitamos nada," repliqué. No discutió, pero fue a la sección de productos lácteos donde tranquilamente escogió tres vasos de yogurt cada uno de un sabor diferente y luego pagó con su billete de veinte dólares.

Regresamos al garaje y él esperó pacientemente a que el empleado terminara de cambiar una llanta. Cuando por fin pagó su cuenta, agradeció al hombre por su comprensión y sonrió amablemente antes de subirse al auto. Durante todo el episodio, nunca mostró ira ni se enojó conmigo por mi impaciencia y tarareaba hasta llegar a casa.

Se da cuenta cómo en la misma situación cada temperamento actúa de una manera distinta. El sanguíneo no se hubiera dado cuenta que se estaba acabando la gasolina, pero si se hubiera dado cuenta de ello, se habría atolondrado buscando el cambio correcto. El colérico hubiera causado un escándalo e insistido en que el empleado consiguiera el cambio. El melancólico hubiera tenido el cambio correcto, pero si no, se hubiera enojado consigo mismo por no planear bien y hubiera rumiado con melancolía todo el camino a casa.

En casi toda situación se puede contar con que el flemático mostrará paciencia y se quedará callado, aún cuando haya sido provocado.

Felizmente en paz con la vida: El flemático no tiene grandes expectativas y por eso, se resigna más fácilmente a las vicisitudes de la vida. Su temperamento, básicamente pesimista, no lo deprime como ocurre con el melancólico, sino más bien lo mantiene "realista".

Mi flemática abuela nos decía cada noche: "Les veré en la

mañana, Dios mediante". Cuando era una joven osada intenté animar sus "Buenas Noches," pero me explicó: "Cualquier mañana de estas no me levantaré" y tuvo razón.

Cuando pregunto a mi flemática madre como se encuentra, me dice: "Regular," o "Mejor que ayer". Aunque estas no son respuestas entusiastas, evitan que tenga ilusiones irreales y llegar a desilusionarse. Cuando era universitaria pregunté a mi madre la razón porque nunca nos felicitaba ni a mí ni a mis hermanos. Ella respondió: "Si nunca dices algo demasiado positivo, nunca tendrás que tragar tus palabras".

El flemático no espera que el sol brille todos los días, ni que haya una mina de oro al final de cada arco iris, así que aun cuando llueva el flemático sigue marchando en el desfile. Podríamos aprender mucho del temperamento que acepta la vida tal cual como es y que está reconciliado con la realidad.

Tiene capacidades administrativas: Como el colérico es obviamente el típico ejecutivo, a veces pasamos por alto al flemático como un empleado competente y cumplidor –uno que se lleva bien con todos y tiene capacidades administrativas.

El ex-presidente de los Estados Unidos, Gerald Ford, es el flemático más visible en los últimos años y parece que las descripciones de él las hubieran sacado de este libro.

Bob Pierpoint de CBS dijo: "Gerald Ford es decente, simpático, y compasivo. En veinticinco años no ha tenido una idea nueva, pero es un tipo realmente bueno." La escritora Doris Goodwin lo describió como "agradable, tranquilo, modesto, bonachón, equilibrado, normal, decente, honrado, metódico." ¡Un tipo íntegro!

Fue escogido por su temperamento neutral y totalmente inofensivo en un momento en la historia cuando no quisimos un presidente imponente y plagado de incógnitas, sino un hombre sencillo y honrado en quien pudiéramos confiar. Ford fue escogido por su temperamento flemático, aunque probablemente los que lo escogieron no tenían ningún concepto acerca de los temperamentos.

Cuando fue derrotado en las siguientes elecciones, el *Wall*

Street Journal imprimió un artículo titulado: "Gracias por nada".

Nos han dicho que los líderes cívicos del estado de Michigan son renuentes en empezar a reunir fondos para el museo conmemorativo en honor del ex-presidente Gerald R. Ford. Según el presidente republicano de su antiguo distrito electoral, una razón es que la presidencia de Ford fue "una presidencia *pasiva* y no *activa*. Tuvo mucha importancia en un tiempo de unificación. ¿Pero, cómo se puede conmemorar algo *que no sucedió*?".

Es interesante lo que dijo el presidente del comité electoral distrital. Durante esos años disminuyeron notablemente los grandes programas domésticos, los errores en la política exterior y el partidismo violento que había dramatizado la política de los Estados Unidos por más de una década. Lo cual puede hacer que Gerald Ford sea el principal candidato para el mejor y más grande monumento de todos.

¡Ciertamente es un honor ser alabado por lo que *no* hizo y por *no tomar parte* en otros asuntos! Un comentarista dijo: "Parecía más importante saber lo que Ford *no* era que saber lo que sí era".

La capacidad administrativa del flemático nace de su deseo de complacer a todos y no causar problemas y de su objetividad en juzgar a las personas sin involucrarse demasiado. El personal directivo de los institutos educativos son en su mayoría flemáticos, porque pueden tratar con los profesores y también con los alumnos de una manera equitativa. Los oficiales militares frecuentemente son flemáticos porque pueden cumplir órdenes, ascender de grado en grado con mucha paciencia, no dejarse dominar por el pánico cuando están bajo presión y no necesitan ser creativos ni siempre salirse con la suya.

Estadísticas recientes revelan que de las personas que perdieron su empleo el ochenta por ciento fueron despedidos por no poder llevarse bien con los demás. Teniendo esto en cuenta, es obvio por qué el flemático tiene una ventaja sobre las personas de otros temperamentos en conseguir y conservar un buen empleo.

Buenos mediadores: Existen conflictos en toda relación interpersonal. Padre/hijo; profesor/alumno; patrón/empleado; amigo/amigo. Mientras los otros tres temperamentos causan tensiones y roces, el flemático intenta mantener la paz entre todos. Cuando los otros luchan en aguas picadas, el flemático alza la cabeza y calma las tempestades. Mientras que otros insisten en salirse con la suya, el flemático es capaz de mirar el problema desinteresadamente y dar una opinión objetiva. En cada hogar y en cada empresa se necesita por lo menos un flemático para considerar ambos lados, y dar una opinión calmada e inteligente.

Una vez conversé con un psicólogo flemático quien me dijo que trabajaba en la profesión ideal. "¿Cuál otro temperamento podría sentarse todo el día escuchando los problemas de otras personas y luego dar un consejo imparcial?".

Warren Christopher, el negociador oficial de los Estados Unidos durante la crisis de los rehenes en Irán, fue elogiado en *Los Angeles Times*. Usaron estos términos típicamente flemáticos para describirlo: *tranquilo, disciplinado, callado, cara impasible, diplomático, modesto, moderado, discreto, de voz baja, ordenado,* era "el hombre idóneo para colocar las cartas sobre la mesa en las negociaciones". Nunca se enojaba y suavizaba las relaciones entre ambos grupos.

La Biblia nos dice que debemos ser "irreprensibles y sencillos, hijos de Dios sin mancha . . ". (Filipenses 2:15), y los flemáticos son el temperamento que llega más cerca en el cumplimiento de este requisito. No causan problemas; se llevan bien con los demás; y no tienen enemigos. Gerald Ford llegó a ser presidente, no por sus maravillosos programas, sino porque nunca hizo enemigos durante su carrera política. Una vez dijo: "Tengo muchos adversarios pero que yo sepa, ningún enemigo".

Hablando de George Bush la revista *Time* dice: "No tiene seguidores fanáticos, pero sí muchos amigos, casi ningún enemigo y una impecable hoja de vida de servicio público".

Puede ser que los de otros temperamentos se esfuercen en ganar amistades e influenciar a otras personas; pero este don de gentes es una característica de los flemáticos. En muchas ocasiones después de hablar en un seminario, se me acerca un colérico y me pregunta porque no fue tomado en cuenta para un ascenso, cuando era él quien había presentado tantos proyectos exitosos a la empresa. Casi siempre el hombre que consiguió el "excelente puesto" era un "bobo" que nunca había merecido la atención, ni siquiera tenía credenciales destacadas. Al hacer unas preguntas, usualmente averiguo que "el bobo" era un prudente flemático, quien cumplía bien su trabajo, se llevaba bien con todos y nunca armaba líos. El colérico formulaba ideas dinámicas, había avanzado constantemente y en el proceso se había ganado muchos enemigos. Cuando llega el momento de nombrar un nuevo dirigente, los directivos casi siempre escogen al que no tiene enemigos.

Don de gentes: Al flemático no le faltan amigos porque es muy fácil de tratar, y todos los otros temperamentos necesitan de tales compañeros. Cuando son niños y adolescentes, los flemáticos raras veces causan molestias a sus madres y da gusto tenerlos en casa. No hace mucho, mi amiga y colega, Bárbara Bueler, me mostró la copia de una carta que ella había escrito a su hija. Expresaba de una manera tan linda las cualidades positivas del flemático que lo incluyo aquí.

Querida Sara,

Al reflexionar sobre nuestros 18 años juntas, me doy cuenta que tu padre y yo debemos dar gracias a Dios por la bendición de una hija flemática. Tu provees el equilibrio tan importante en una familia que incluye un padre colérico, una madre melancólica y un hermano sanguíneo. Cuando eras sola una bebita, jugabas felizmente con tus juguetes en tu corralito. Acabamos de empezar nuestra propia empresa en la casa y tú nunca molestabas cuando yo hacía la contabilidad.

Tu hermano, que te lleva dos años, organizaba las travesuras y la diversión. Todavía reimos juntos de la famosa frase que siempre decías: "Yo también".

En la Navidad pasada, intentabas desesperadamente tomar parte en la conversación pero toda la familia hablaba ruidosamente. Con tu sentido de humor natural y seco, dijiste en voz baja: "Bueno, grabaré lo que quiero decir y ustedes pueden escucharlo otro día". Eso nos llamó la atención y como nos reímos.

Siendo madre me alegro que entiendo algo de cómo actúan las personas de diferentes temperamentos. Cuando la maestra dijo: "Sara siempre llega tarde, pero siempre es fiel," me pareció gracioso.

Me acuerdo cuando una amiga te confió que quería fugarse de su casa, tú la persuadiste a tranquilizarse e intentar entender la situación del punto de vista de sus padres.

Te aceptas tal como eres y comprendes a la maravilla tu propio temperamento. Una vez me dijiste: "Es tan bueno tener amigas flemáticas; casi nunca cambian de casa, así que siempre tienes sus números telefónicos".

La administradora donde trabajas te va a mantener en el puesto aunque las ventas han disminuido porque, como dijo ella, "Sara es una empleada buena, cumplidora y es muy amable con los clientes. Trabaja muy bien con las otras empleadas y aunque toma una eternidad para limpiar los utensilios, lo hace concienzudamente".

Sara, he disfrutado nuestros muy agradables 18 años juntas. Estoy impaciente por ver lo que harás con tu vida. Pero sé con certeza que sea lo que sea que hagas, cumplirás y estarás contenta.

Con cariño,

Mamá.

Tiene muchos amigos: El flemático es el mejor amigo de todos, porque sus cualidades tomadas en conjunto resultan en relaciones humanas positivas. Es simpático, tranquilo, bien equilibrado, paciente, pacífico, fiable, inofensivo y agradable. ¿Qué más esperaría de un amigo? El flemático siempre tiene tiempo para sus amigos. Cuando se visita a una amiga colérica, está limpiando el polvo, planchando o doblando la ropa mientras conversan, dando la impresión que su tiempo es demasiado valioso para que lo dedique exclusivamente a uno. La flemática deja todo y se sienta para poder conversar tranquilamente.

Tuve una amiga flemática que era una madre maravillosa, pero el trabajo de la casa no era una prioridad para ella. Si yo llegaba inesperadamente en la mitad de la mañana, encontraba los platos, cajas de cereal y la leche todavía sobre la mesa del comedor. Nos sentábamos, empujábamos todo la sobras a un lado para hacer campo para nuestros codos, y disfrutábamos la conversación y la compañía. Como ella no se preocupaba por el desorden, yo tampoco.

Tiene el arte de escuchar. Otra razón por la que a los flemáticos no les faltan amigos es que tienen el arte de escuchar. Los flemáticos prefieren escuchar que hablar. Los flemáticos pueden permanecer callados. A veces no siente la necesidad de decir ni una palabra y a los otros temperamentos les encanta tener alguien con quien puedan desahogarse. Los sanguíneos, especialmente, necesitan de amigos flemáticos que los dejen hablar sin interrumpirlos. Cuando yo era presidenta del Club de Damas de San Bernardino, tuve una maravillosa amiga y vecina flemática. Cada miércoles, después de la reunión yo iba a su casa para contarle todas las cosas frustrantes y divertidas que habían ocurrido esa tarde. Ella escuchaba, sonreía, fruncía el ceño y asentía con la cabeza, y luego que yo había contado todo, me daba las gracias por haber venido y me iba para mi casa.

¡Todos los sanguíneos necesitan tener buenos y callados amigos flemáticos!

La lengua amable es un árbol de vida; la lengua perversa hace daño al espíritu.

Proverbios 15:4 (Dios Habla Hoy.)

Parte III

PLAN DE PERSONALIDAD

Unas Pautas para Ayudarnos a Superar Nuestras Debilidades

Introducción: Los Aspectos Positivos Llevados a un Extremo Llegan a ser Debilidades

En cada uno de nosotros hay cosas buenas y cosas malas –rasgos que son positivos y rasgos que producen reacciones negativas en las demás personas. Con frecuencia las mismas características pueden ser una ventaja y al mismo tiempo una desventaja y muchas características positivas llevadas a un extremo llegan a ser negativas.

La gran capacidad del sanguíneo para charlar animadamente sea en un supermercado o en un palacio es una ventaja que muchos quisieran tener; sin embargo, llevada a un extremo resulta en un sanguíneo que habla constantemente, monopoliza la conversación e interrumpe a otros.

La manera analítica y profunda de pensar del melancólico, característica de un genio, es muy respetado por las personas de mentes menos profundas; sin embargo, llevada a un extremo, el melancólico se convierte en una persona deprimida.

El talento del colérico para dar liderazgo incisivo se necesita desesperadamente en cada área de la vida; sin embargo, llevado a un extremo, el colérico se vuelve mandón, autoritario y manipulativo.

La manera de ser tranquila y calmada del flemático es una combinación admirable que lo hace el favorito en cualquier grupo de personas; sin embargo, llevada a un extremo, el flemático llega a ser perezoso, indiferente e indeciso.

Al examinar cada uno de estos temperamentos con el propósito de examinarnos a nosotros mismos, debemos tomar nota de los atributos que causan reacciones positivas en otros y que aumentan nuestra propia imagen. Luego debemos meditar sobre estas características. Luego debemos poner especial atención a esos extremos de comportamiento que son ofensivos para otras personas y, finalmente, comprometernos a dedicar nuestros recursos humanos y espirituales para superar estas áreas problemáticas.

¿Se acuerdan de los grandes héroes de Shakespeare: Hamlet, Macbeth, el Rey Lear y los reyes Enrique? Todos eran grandes hombres que cumplieron mucho, pero cada uno tenía un "defecto trágico" el cual causó su caída.

¡Sangre de héroes corre en las venas de cada uno de nosotros y es muy emocionante descubrir nuestras fortalezas y usarlas sabiamente! Sin embargo, igual que estos héroes de Shakespeare, cada uno tiene algún "defecto trágico," el cual, si lo ignoramos, podría arruinarnos. Cada uno debemos examinarnos a nosotros mismos de una manera realista y descubrir nuestros defectos antes de que sea demasiado tarde.

Pobreza y vergüenza tendrá el que menosprecia el consejo; Mas el que guarda la corrección recibirá honra.

Proverbios 13:18

EL SANGUINEO

Debilidades

Extrovertido   *Hablador*   *Optimista*

LAS EMOCIONES DEL SANGUINEO

Hablador compulsivo
Exagerado
Se entretiene en trivialidades
No puede recordar nombres
Asusta a otros
Demasiado feliz para otros
Enérgico
Egoísta
Jactancioso y quejumbroso
Ingenuo, se deja engañar
Se ríe y habla en voz alta
Controlado por la circunstancias
Se pone bravo fácilmente
Para algunos parece insincero
Nunca madura.

EL SANGUINEO COMO PADRE

Mantiene el hogar en estado de frenesí
Olvida las citas de los hijos
Desorganizado
No escucha el asunto completo

EL SANGUINEO EN EL TRABAJO

Prefiere hablar
Olvida sus obligaciones
No persiste
Su confianza se desvanece rápidamente
Indisciplinado
Sus prioridades están fuera de orden
Toma decisiones llevado por sus sentimientos
Se distrae fácilmente
Malgasta el tiempo hablando.

EL SANGUINEO COMO AMIGO

Odia estar a solas
Necesita ser el centro de atención
Quiere ser popular
Busca recibir el crédito por sus acciones
Domina la conversación
Interrumpe y no escucha
Contesta por otros
Olvidadizo
Siempre encuentra excusas
Repite sus historias

EL MELANCOLICO

Debilidades

Introvertido *Pensador* *Pesimista*

LAS EMOCIONES DEL
MELANCOLICO

Recuerda lo negativo
Amanerado y deprimido
Le agrada que lo hieran
Falsa humildad
Vive en otro mundo
Tiene mala imagen de sí mismo
Escucha lo que le conviene
Se concentra en sí mismo
Demasiado introspectivo
Tiene sentimientos de
culpabilidad
Sufre complejos de persecución
Tiende a ser hipocondriaco.

EL MELANCOLICO COMO
PADRE

Coloca metas demasiado altas
Puede llegar a desanimar los niños
Puede ser demasiado meticuloso
Se convierte en mártir
Le echa la culpa a los niños
Se amohina ante los desacuerdos

EL MELANCOLICO EN EL TRA-
BAJO

No se orienta hacia las personas
Se deprime ante las imperfecciones
Escoge trabajos difíciles
Vacila al empezar proyectos nuevos
Emplea demasiado tiempo pla-
neando
Prefiere analizar antes que trabajar
Se auto-desaprueba
Difícil de complacer
Standars demasiado altos
Siente una gran necesidad de
aprobación.

EL MELANCOLICO COMO
AMIGO

Vive a través de otros
Socialmente inseguro
Retraído y remoto
Critica a otros
Rechaza muestras de afecto
Le disgusta los que se le oponen
Sospecha de las personas
Antagonista y vengativo
No perdona
Lleno de contradicciones
Recibe los cumplidos con
exceptisismo.

EL COLERICO

Debilidades

Activo *Optimista* *Extrovertido*

LAS EMOCIONES DEL COLERICO

Mandón
Impaciente
Temperamental
Tenso
Demasiado impetuoso
Se deleita en la controversia
No se rinde a pesar de perder
Inflexible
Le disgustan las lágrimas y las emociones
No muestra simpatía hacia los demás

EL COLERICO COMO PADRE

Tiende a ser dominante
Demasiado ocupado para dar tiempo a la familia
Contesta demasiado rápido
Se impacienta con los que no tienen buen desempeño
Impide que los hijos se relajen
Puede hacer que los hijos se depriman

EL COLERICO EN EL TRABAJO

Intolerante ante los errores
No analiza los detalles
Las trivialidades le aburren
Puede tomar decisiones temerarias
Puede ser rudo y sin tacto
Manipula las personas
El fin justifica los medios
El trabajo puede llegar a ser su dios
Demanda lealtad de parte de sus subordinados.

EL COLERICO COMO AMIGO

Tiende a usar las personas
Domina a los demás
Decide por otros
Sabe todo
Todo lo puede hacer mejor
Demasiado independiente
Posesivo con los amigos y compañeros
No puede decir "Lo siento"
Puede estar en lo correcto y ser impopular.

FLEMATICO

Debilidades

Introvertido   *Espectador*   *Pesimista*

LAS EMOCIONES DEL FLEMATICO

Apático
Temeroso y preocupado
Indeciso
Evita tomar responsabilidades
Voluntad de hierro
Egoísta
Tímido y reticente
Se compromete demasiado
Santurrón

EL FLEMATICO COMO PADRE

Flojo en la disciplina
No organiza el hogar
Toma la vida demasiado fácil.

EL FLEMATICO EN EL TRABAJO

Sin metas
Falto de auto motivación
Le es difícil mantenerse en acción
Le disgusta que lo acosen
Perezoso y sin cuidado
Desanima a otros
Prefiere observar antes que actuar

EL FLEMATICO COMO AMIGO

Impide el entusiasmo
No se involucra
Impasible
Indiferente a los planes
Juzga a los demás
Sarcástico
Se resiste a los cambios.

8

Organicemos al Sanguíneo

Las personas de temperamento sanguíneo, son las que más voluntad tienen para cambiar, debido a que les gustan las ideas y proyectos nuevos; y también porque les encanta ser populares e inofensivos. Sin embargo hay dos dificultades, que se oponen a que los sanguíneos tengan el progreso necesario.

No persistir. En primer lugar aunque tienen buenas intenciones, *los sanguíneos raras veces persisten en un plan determinado.* Después de explicarle a un sanguíneo lo que debe hacer para vencer su debilidad, le pregunto. "¿Cuándo va a empezar a poner en práctica mi consejo?". Usualmente ese tipo de persona me dirá. "Hoy no puedo empezar y mañana no estaré en la casa- y además vamos a tener visitas este fin de semana". En ese mismo instante perdieron la pelea.

Son personas que se consideran sin faltas: En segundo lugar, esa clase de personas van muy bien con el grupo y tienen una personalidad tan atractiva que no pueden creer que tengan mayores fallas en su personalidad. Realmente no se toman muy en serio ellos mismos.

Cuando estuve hablando acerca de las debilidades de los sanguíneos en un seminario, todos se rieron pero no sintieron que eran cosas los suficientemente malas como para hacer algo al respecto.

Entiendo esa actitud perfectamente porque siento lo mismo. Antes de casarme yo podía ser adorable y ser la vida de una fiesta, sin embargo al día siguiente podía comportarme estúpidamente. Fred me hacía caer en cuenta que en la reunión a que asistimos en Havenhill había sido muy simpática, pero que no había sido muy divertida en la reunión de Nueva York. Nunca se me ocurrió que él podría tener razón; me imaginaba que sencillamente no era capaz de apreciar mi manera de ser. De manera que desempeñaba el papel que él deseaba cuando estaba en su compañía y cuando estaba en compañía de otras personas me comportaba a mi manera. No fue sino hasta cuando empecé a estudiar el tema de los temperamentos que caí en cuenta que a lo mejor Fred no era el único que tenía esas opiniones acerca de mí.

Me di cuenta que mis debilidades no eran solamente ideas de Fred y desarrollé algunas sugerencias para mí y para otros sanguíneos.

PROBLEMA: LOS SANGUINEOS HABLAN DEMASIADO.

Solución 1: *Hablar la mitad de lo que se hablaba antes.* Ya que los sanguíneos no son muy dados a los números, sería una pérdida de tiempo decirles que hablen un 22 por ciento menos, sin embargo, tienen un sentido de la mitad o nada. Una buena regla a seguir por ustedes los sanguíneos es que hablen la mitad de lo que normalmente hacen. La mejor manera de controlarse ustedes mismos es no decir la mitad de las historias que ustedes se sienten obligados a contar. Van a sentir lástima de lo que la audiencia se pierde, pero ellos nunca sabrán lo que no han oído y eso es igualmente bueno para ellos. Es mejor que el grupo disfrute lo poco que ustedes digan y no que los tengan petrificados debido al control total de vuestra conversación – no interesa cuán importantes sean las historias que ustedes tengan para contar.

¿Puede sobrepasar esto?: Fred y yo asistimos a una reunión familiar con motivo de la muerte de su abuela de noventa y siete años de edad. El primer día que estuvimos todos juntos la reunión se asemejó a un programa de televisión llamado *"¿Puede usted sobrepasar esto?".* Cada uno de los familiares sentía que debía

contar los éxitos de su carrera, para luego ser apabullado por lo que el siguiente hermano tenía que decir. Esa noche al encontrarnos en nuestro cuarto, Fred salió con lo que resultó ser una idea terrible, me dijo: "¿Por qué no nos quedamos callados y vemos qué tanto tiempo transcurre antes que alguien nos haga una pregunta o empiece una conversación?". Desde el principio no me gustó nada la idea, pero pensé que podría soportarlo por algunas horas.

Iniciamos nuestra rutina represiva inmediatamente después del desayuno, continuamos durante la hora de almuerzo y así seguimos toda la tarde, durante la cena y al anochecer. A la hora de entrar a nuestro cuarto, sentía que los ojos se me estaban saliendo de las órbitas debido a la presión que experimentaba y me sentía al borde de explotar. "Esto es sencillamente ridículo" grité. "No puedo soportar ni un minuto más".

Fred sonrió, mientras decía "He disfrutado cada minuto de esta rutina y mañana lo probaremos de nuevo".

"¿Otro día sin contar historias? Voy a sufrir una postración nerviosa".

Pasamos otro día sin contar historias y no sufrí ninguna postración nerviosa. Estuve muy cerca, pero logré sobrevivir.

A la mañana siguiente, antes de salir hacia el aeropuerto, la madre de Fred dijo: "¿Has estado muy callado la última hora, Fred, ocurre algo malo?".

Le aseguró que todo estaba bien, luego ella le palmeó en el hombro mientras le decía: "Maravilloso, querido, maravilloso".

El peor insulto que he recibido, fue que ni ella ni nadie más se dio cuenta que yo no había dicho nada durante los dos últimos días. Había obtenido el mayor récord de mi vida y !ni siquiera había recibido un trofeo! Pero yo sí aprendí una dolorosa lección: Me di cuenta que no sería el fin del mundo, si no abro mi boca para decir una sola palabra. Sin embargo, mi nuevo papel en que hablo solamente la mitad de lo que usualmente hablo me parece una represión.

¿Por qué ustedes los sanguíneos no miran cuánto tiempo pueden estar en silencio antes que alguien se de cuenta del cambio?

Solución 2: *Esté atento para descubrir síntomas de aburrimiento*
A las personas de los otros tres temperamentos será necesario
decirles lo que son "síntomas de aburrimiento", pero un sanguíneo
no es capaz ni siquiera de considerar el pensamiento que podría
estar aburriendo a los demás y necesita que se le diga claramente
el momento en que una persona ha perdido interés en su historia.
Cuando su audiencia empieza a caminar en la punta de los pies y
a lanzar miradas desesperadas sobre el grupo tratando de llamar
la atención de otra persona, es señal que quieren retirarse. Cuando
salen con la excusa de ir al baño y nunca regresan, entonces usted
debería captar la alusión. Los signos no son muy difíciles de
identificar una vez que usted haya contemplado la posibilidad que
podría estar aburriendo a los demás.

Solución 3: *Condense sus comentarios: "Vaya al grano"*. Es algo
que Fred me ha dicho durante los últimos treinta años,
probablemente porque nunca he sentido lo que realmente es el
punto. He permanecido pegada al slogan de " el solo contárselo a
ellos es la mitad de la diversión" En consecuencia en raras
ocasiones hago una sencilla observación. Tengo la tendencia a
excederme en los detalles del drama, es decir me sentiría realmente mal si contara una historia sin rodeos.

Mientras que siempre sentía que el don de contar historias era
un patrimonio, eso llevado al extremo, puede llevar a un caso de
responsabilidad civil. He llegado a darme cuenta que no todos
tienen el tiempo o el interés para soportar el monólogo de un
sanguíneo hasta el final. Sin embargo, siento que los antecedentes
de una historia son esenciales para que se pueda entender mi
comentario. Me he dado cuenta que nadie sufre si me reservo
algún detalle (o una docena de ellos).

Un día tuve la ocurrencia y me hice el propósito, que si estando
en la mitad de una historia era interrumpido por alguien, no
reanudaría la historia si alguien no me lo pedía. La primera prueba
sucedió cuando un grupo de nosotras nos dirigíamos a hacer
compras. Estaba en la mitad de una historia muy entretenida,
cuando en el punto crítico en el que la heroína de mi historia se
encontraba al borde de un precipicio, el chofer pidió que mirára-
mos el mapa para estar seguro que iba en la dirección correcta.

Contuve mi aliento, esperando que alguien me preguntara, "¿y luego qué pasó?". pero nadie lo hizo, permanecí sentada al borde de mi asiento lista a entrar en acción, pero nadie miró hacia donde yo estaba. ¿Será que no les interesaba lo que le sucedía a Harriet? Quise sacudirles y decir, "¿Se acuerdan de Harriet?". Estaba al borde del abismo "¿No quieren oír el resto de la historia?". Recordé el trato hecho conmigo misma: *No termine la historia si no se lo piden;* y nadie me lo pidió.

El rechazo fue una respuesta increíble a mi experimento. A veces las personas se aburren tanto con una larga historia, que sencillamente no les interesa el desenlace, aún si soy yo la que estoy contando la historia.

Mi amiga Nancy, sanguínea como yo, decidió probar la misma teoría con los mismos resultados. Entonces silenciosamente hicimos un pacto entre nosotras que cuando esa tragedia ocurriera a cualquiera de las dos, la otra vehementemente diría "¡Sigue, sigue, casi no puedo esperar por el final!". ¡Ah realmente amo a Nancy!

Solución 4: *Deje de Exagerar:* Cuando empecé a testificar en público acerca de mi fe en Jesucristo, mi esposo me dijo: "Ahora que eres una oradora cristiana, ¿no te parece que es tiempo de dejar de mentir?". Yo sabía que no decía mentiras y le pregunté qué era lo que quería decir. Como melancólico que era, el sentía que si yo no decía exactamente la verdad, estaba mintiendo. Yo pensaba que solamente estaba poniéndole color a la historia, por eso acordamos usar la palabra *exagerar*. Más tarde escuché a Lauren decirle a una amiga: "Cuando escuche a mi madre, solamente crea la mitad de lo que dice".

Un día fui a la casa de la sanguínea Patricia y cuando entré, me saludó diciendo: " Todos los perros y los gatos de esta calle están muriendo de sarna". Mi mente sanguínea instantáneamente visualizó docenas de perros y gatos moribundos exhalando el último suspiro, entonces noté que su melancólica hija movía la cabeza con gestos de desaprobación.

"¿Qué pasa?", le pregunté, a lo que ella contestó "El gato de la vecina está enfermo".

Nadie se preocuparía porque el gato de una señora desconocida esté enfermo, pero decir "cada gato y cada perro de esta calle están muriendo de sarna" es realmente algo que sirve para captar la atención.

Fred y yo asistimos a una fiesta en la que una simpática sanguínea llamada Bonnie cautivaba al grupo con una detallada descripción de un crucero desde Los Angeles hasta la isla Catalina. Nos entretuvo describiendo el menú, nos habló del mareo y mantuvo nuestra atención durante veinte minutos. Tan pronto como terminó su chistosa historia acerca de su viaje por mar a la isla Catalina, su melancólico esposo, respiró profundo y dijo pausada pero firmemente : Fuimos por avión.

Todos miramos sorprendidos mientras Bonnie reflexionaba por un momento y luego estuvo de acuerdo mientras decía, "Sí, es cierto fuimos por avión".

Solamente una persona sanguínea puede durar veinte minutos describiendo con detalles un viaje por mar que nunca hizo y un barco en el que nunca estuvo abordo.

Aunque las historias contadas por los sanguíneos son entretenidas yo nunca olvidaré este incidente, Bonnie había exagerado tanto que realmente estaba mintiendo. Una amiga me contó de una situación similar y terminó diciendo: "Claro, ella es una sanguínea y no se le puede creer ni una palabra de lo que dice.¿No es eso una vergüenza? Es malo que no se pueda confiar o hacer un trato con un sanguíneo? Piénselo y tome cuidado de usted mismo".

Recuerde

Una descripción muy vívida lleva a extremos que pueden llegar a ser mentira.

PROBLEMA: LOS SANGUINEOS SON EGOCENTRICOS.

Solución 1: *Sea sensible a los intereses de otras personas.* Los sanguíneos son los menos sensibles con relación a otras personas por estar pendientes de sí mismos. Se sienten tan felices contando sus propias historias que no se dan cuenta del grado de atención de los demás y pueden hablar tanto que no se percatan que han perdido el interés del grupo. Raras veces se dan cuenta de las necesidades de los demás porque por naturaleza evitan problemas y situaciones negativas. Los sanguíneos no son buenos consejeros porque hablan mucho más de lo que escuchan y tienden a dar respuestas rápidas y simplistas que a lo mejor no son apropiadas.

El aprender a ser sensitivo hacia otros empieza por *escuchar y mirar*. Me he disciplinado a mí misma por unirme a grupos calladamente y escuchar hasta que he cogido el hilo de la conversación, en lugar de empezar inmediatamente a contar la historia más reciente de mi repertorio. Muchas veces he quedado agradecida conmigo misma por haberlo hecho así. He tomado en cuenta a las personas como individuos y no sencillamente como una audiencia.

Por decirlo así me he identificado con otros. He descubierto tantas personas heridas que antes no me había dado cuenta; tantas señoras solitarias a quienes los sanguíneos tratan de evitar, me he dado cuenta de tantos corazones quebrantados que necesitan ser sanados; y tantos cuerpos cansados que necesitan del suave toque de un sanguíneo.

De ahora en adelante, sanguíneos, escuchen y miren a las personas como algo especial y con seguridad llegarán a ser sensibles a las necesidades de otras personas.

Solución 2: *Aprenda a escuchar:* La razón por la que los sanguíneos no escuchan no es porque tengan un problema genético, sino que sencillamente sólo tienen cuidado de ellos mismos. El escuchar es una acción que necesita cierto grado de gracia y los sanguíneos están tan preocupados en ellos mismos que no se preocupan lo suficiente como para forzarse y estar interesados en otros. Imaginan la vida como un gran teatro en el que se encuentran en la parte central del escenario y todos los demás forman parte de la audiencia. Los mejores sanguíneos se hacen a la imagen de un entretenedor, pero la mayoría de nosotros podemos pasar como egoístas cuando hacemos que la atención de los demás se centre en nosotros.

Recuerde

Sea sensible a las necesidades de otros y escuche lo que tienen que decir.

PROBLEMA: LOS SANGUINEOS TIENEN MEMORIAS IN-DISCIPLINADAS.

Solución 1: *Ponga atención a los nombres de las personas.* La razón por la que los sanguíneos no recuerdan los nombres de otros, como lo he dicho antes: es porque no escuchan y porque no les interesa. Ambos de estos problemas se derivan de su naturaleza egocéntrica y su insensibilidad hacia otros. Pueden disfrutar, estar con otros, pero no les interesa si minutos más tarde no recuerdan quiénes eran.

Dale Carnegie dijo: "El sonido más dulce que hay en el mundo es el nombre de una persona". En su libro *Cómo ganar amigos:* da muchos ejemplos de personas que su éxito se basó en la manera como se concentraron en aprender los nombres de otros.

Los sanguíneos no son menos inteligentes que otros y pueden aprender los nombres una vez hayan decidido que eso es algo importante. Los coléricos saben la importancia de llamar a una persona por su nombre. El melancólico tiene una buena memoria para los detalles y al flemático le gusta observar y escuchar, sin embargo el sanguíneo tiene deficiencias en todas estas áreas. Piensan que nada es tan importante como para dedicarle tiempo; sencillamente no prestan atención a los detalles; hablan mucho más de lo que escuchan. ¿Tienen esperanza personas así?

Durante toda mi vida de casada, me ha sido más fácil preguntarle a Fred los nombres de las personas que aprendérmelos. Cuando empecé a estudiar los temperamentos me di cuenta que esta dependencia en la memoria de Fred, mostraba que no podía depender de la mía. Me pregunté: ¿Soy yo tan tonta que necesito alquilar el cerebro de otra persona para pensar? ¿No puedo aprender por mi cuenta? Esa pregunta me hizo caer en cuenta que nunca había tratado seriamente de recordar nombres y decidí empezar a hacerlo como si fuera un nuevo pasatiempo. Los sanguíneos tienen que tratar este asunto como si fuera un juego. *Primero*, empecé a escuchar los nombres de las personas, un paso tan sencillo cualquiera puede darlo y sin ello hay poca esperanza de mejorar. Es imposible recordar lo que no hemos escuchado. A medida que me esforzaba por escuchar a las personas que hablaban, me di cuenta que todas las personas tienen un nombre y que les gusta que las llamen por su nombre.

Me maravillo cuando alguien recuerda mi apellido, que es tan difícil de recordar correctamente, en vez que, como me ha sucedido tantas veces, me llamen Littenouer, Littoner, Littaver o Lattouer. Y seguramente otras personas quedaran igualmente maravilladas cuando yo los llame por su nombre. Para esto, nosotros los sanguíneos tenemos una gran motivación: Los demás nos querrán más. Eso es precisamente lo que queremos. La clave de la popularidad es saber quiénes son los que nos rodean.

Segundo, empecé a tener en cuenta a los demás. Empecé a mirarlos cuando ellos decían sus nombres y hacerles preguntas acerca de sus vidas, hasta que sentía que los conocía. Me he dado cuenta cuan interesantes son las personas desde que dejé de pensar únicamente en mí misma y empecé a pensar en los demás.

Solución 2: *Anote:* Aunque la memoria de los sanguíneos para detalles triviales va aún más allá de los hechos, esa memoria casi no existe cuando se trata de nombres, fechas, citas y lugares. Esta división de la mente es comprensible, cuando nos damos cuenta que las personas de temperamento sanguíneo están más interesadas en las personas que en las estadísticas, en detalles que tocan los límites de ficción que en los hechos. El melancólico ama los detalles, recuerda los hechos esenciales de la vida de manera que si miramos los lados positivos de estas dos clases de personas, los podremos formar en un equipo: Al melancólico para que haga las cosas bien y al sanguíneo para que las haga interesantes.

Fred tiene una fantástica habilidad para recordar nombres, ayudado por su plan de escribir el nombre de cada persona en una pequeña tarjeta, con detalles sobresalientes acerca de esa persona. Cuando vivíamos en Connecticut, nuestro pastor era un sanguíneo, que no podía recordar a los miembros de la iglesia. Fred le **ayudaba** parándose muy cerca de él en la puerta y le susurraba instantáneas biografías cuando se acercaba una persona que no era muy familiar en la iglesia.

"La señora del vestido rosado es Walda Worry, tiene seis hijos y su esposo se encuentra en el hospital por problemas de la espalda".

"Querida Walda, te luce muy bien ese vestido color rosa". ¿Cómo están tus queridos hijos? ¿Y cómo sigue la espalda de tu esposo?

Fred le daba los datos; el pastor los decoraba.

Después que nos fuimos de Connecticut, la memoria de Don se deterioró repentinamente y las personas se preguntaban del por qué su amable preocupación por las personas se había convertido en una desesperada búsqueda de nombres. Un día le preguntó a una señora cómo seguía su esposo, siendo que dos días antes había dirigido el funeral del pobre hombre.

Tenemos un amigo sanguíneo, Tomás, quien por ironías de la vida enseña un curso de cómo mejorar la memoria. Realmente es excelente mientras enseña y las personas aprenden, pero eso no le ayuda para nada en la vida diaria. Un día al pasar por su casa lo encontré buscando desesperadamente dos cajas de libros que él necesitaba para el curso esa noche y no recordaba dónde los había puesto.

Ya que los sanguíneos tienen tan mala memoria, deben escribir listas de lo que tienen que hacer y guardarlas donde no las pierdan. Deben hacer anotaciones de los nombres de la personas y echarles una revisada antes de asistir a una reunión con dicho grupo. Deben estar seguros antes de hacer llamadas de negocios y tener escritos en un papel los principales asuntos a tratar. Una persona inteligente puede parecer estúpida mientras busca desesperadamente alguna información que debería saber.

Solución 3: *No olvide los niños.* He conocido muchas madres sanguíneas quienes por lo menos han extraviado un niño o dos durante el tiempo en que estaban criando. Una ya había manejado una hora, hablando animadamente con su amiga sanguínea antes de darse cuenta que su hijito de cuatro años no se encontraba en el asiento trasero. Manejó de regreso a la bomba de gasolina donde había hecho la última parada y ahí encontró a su hijito ayudando al vendedor de gasolina, quien se puso feliz al verla pues no sabía qué hacer con el niño.

Una señora me dijo que se le había olvidado ir a recoger su hijo a la escuela y no se dio cuenta hasta que todos estaban sentados a la mesa y el asiento del niño estaba vacío.

En uno de los seminarios para grupos de personas sanguíneas, el encargado de la dirección hizo la siguiente declaración. "Hemos hecho una encuesta entre nosotros y hasta el momento hemos perdido cuatrocientos treinta y siete diferentes objetos esta semana, incluyendo siete niños y una abuela abandonada por olvido en un centro comercial".

Mi amiga Carol, sanguínea como yo, compartíamos el uso del carro para llevar los niños a la escuela, cuando nuestros dos melancólicos hijos estaban en la primaria. Frecuentemente nos retardábamos y aunque nos comprendíamos, los niños estaban constantemente deprimidos. Cuando tenía que ir a recoger a James, lo más seguro era que saliera de la casa trayendo el plato del cereal en una actitud lastimera.

"Mi mamá está hablando por teléfono otra vez y yo siempre tengo que hacer todo por mí mismo".

Mi hijo Fred, al llegar a la casa después que Carol lo había tenido en la suya, generalmente, tenía historias de cómo ella se había olvidado de él o cómo casi se estrella contra un camión. Hace poco nos encontramos en Dallas, Carol y yo y nos reímos de nuestros olvidos durante el tiempo que compartíamos el carro. Después de un rato llegamos a la conclusión que nuestras inconsistencias habían sido buenas para los muchachos ya que eso les había enseñado flexibilidad.

Los sanguíneos tienen la rara habilidad de tomar sus obvias debilidades y encontrar una manera de convertirlas en puntos fuertes.

Recuerde

Aunque usted pueda racionalizar el hecho de que tiene una mala memoria, nadie tiene deseos de escuchar sus razones. Ponga

atención a los nombres de las personas, anote las cosas impor-
tantes y trate de darse cuenta dónde deja el carro y el niño.

PROBLEMA: LOS SANGUINEOS SON AMIGOS
VELEIDOSOS Y OLVIDADIZOS.

Solución 1: *Lea El factor de la amistad:* Aunque los sanguíneos tienen muchos amigos debido a que animan las reuniones, general-mente no son buenos amigos. Les gusta estar en todas partes, pero desaparecen cuando hay necesidades o problemas. Ellos podrían ser llamados "amigos de los buenos tiempos" Tengo una amiga sanguínea quien era "mi amiga de la lluvia". Solamente me llamaba cuando estaba lloviendo y claro, no podía jugar golf.

Los sanguíneos tienden a tener aduladores y admiradores antes que verdaderos amigos. Reunen a su alrededor personas que los admiren, los amen y los adoren. Les gustan las personas que dan, pero miran en otra dirección cuando llegan las necesidades. Están demasiado ocupados con las cosas buenas que brinda la vida, como para dedicarse a resolver problemas.

Cuando leí *El factor de la amistad* escrito por Alan L. McGin-nis, me di cuenta que yo no tenía características de una buena amiga, aunque tenía muchas conocidas. El Dr. McGinnis me desafió para que examinara mi vida en el área de las relaciones duraderas y me di cuenta que había dejado que algunas buenas amigas se apartaran porque no era fácil estar juntas.

El año pasado invité a cuarenta mujeres de todas partes del país para que vinieran a California para un seminario sobre oratoria. Vinieron treinta y seis y en una semana éramos amigas, compar-timos nuestros sentimientos las unas con las otras y al final no queríamos separarnos. Para mantener esta amistad les envié una carta a cada una haciendo mención de lo que me habían escrito y las mantuve escribiéndose unas a otras. También inicié una reu-nión los miércoles por la mañana para las mujeres que vivían en mi vecindario. Todas estuvimos de acuerdo en decir que nos hubiéramos separado si no nos hubiéramos disciplinado en reu-nirnos una vez a la semana.

Solución 2: *Coloque las necesidades de otros primero* Los sanguíneos rara vez hacen esfuerzos para ser verdaderos amigos, para cuidar a los necesitados o visitar a los enfermos. Cuando yo era presidenta del "Club de mujeres de San Bernardino", se suponía que debía ir al hospital a visitar las que estuvieran enfermas. Eso era algo tan extraño a mi naturaleza que lo encontré muy difícil de hacer y buscaba toda clase de excusas para no hacerlo. Una vez fui a visitar al esposo de una de los miembros del club y descubrí que había muerto el día anterior. Tuve que convencerme que las necesidades de otros son importantes y tuve que disciplinarme para actuar de acuerdo a ese principio. Muchas veces cuando tuve que esforzarme a hacerlo el Señor me bendijo con una buena experiencia.

Recuerde

Sanguíneos, no es fácil ser "buenos amigos" pero vale la pena el esfuerzo para lograrlo. No se conforme con una audiencia; llegue a ser un amigo.

PROBLEMA: LOS SANGUINEOS INTERRUMPEN Y CONTESTAN POR OTROS.

Solución: *No piense que usted debe decir algo tan pronto se presente un silencio en la conversación.* Antes sentía que Dios me había escogido para ser el encargado de llenar cualquier espacio que se pudiera presentar en la conversación. Como siempre tenía algo que decir y sencillamente no podía soportar el silencio. Yo tomaba rápidamente la palabra y empezaba una historia tan pronto como el que estuviera hablando hiciera una pausa para respirar. Nunca sentí que estaba interrumpiendo, sino que estaba salvando a la audiencia de una mala experiencia. Tomé el papel del pequeño holandés que salva a la ciudad de una terrible inundación por mantener su dedo en el dique. Concebía la conversación como una gran muralla la cual no se podía dar el lujo de tener ni un pequeño hueco siquiera; y tan pronto como apareciera alguno yo me sentía con el deber de taparlo rápidamente para evitar que los demás se murieran de aburrimiento.

Fred descubrió que esta Florence tapa-huecos era muy efusiva y trataba de decirme que el silencio es oro y que no hay nada malo en un silencio de vez en cuando. Hice caso omiso de sus demandas para serenarme hasta que comprendí mi temperamento y me di cuenta que los sanguíneos sienten la compulsión de llenar toda pausa que se pueda presentar en una conversación. Tan pronto como el otro terminaba; con tal de no hablar, me mordía la lengua y apretaba mis labios para no ceder a la tentación de moverlos, me di cuenta que Fred empezaba a hablar. La atención de la audiencia se movía de mí hacia Fred y descubrí que él tenía cosas inteligentes para decir.

Sharon, una sanguínea, me contó que por estar enferma no había podido asistir a la fiesta de Navidad de la iglesia. Más tarde algunos amigos le mencionaron lo interesante que había sido su esposo durante la fiesta y no entendía como antes no se habían dado cuenta de tanta personalidad que tenía. Pensó en el asunto y se dio cuenta que realmente ella no le había dado el chance de brillar. De ahí en adelante decidió dejar algunos espacios en la conversación y quedó maravillada de la manera como él los llenó.

Phil, el no-flemático. Un día yo estaba cambiando de canal a canal en el televisor, sintonicé "El show de Phil Donahue". Phil estaba entrevistando al economista Adam Smith y quedé maravillada de los perfectos ejemplos que ambos eran para el estudio de los temperamentos:

Phil, el extrovertido sanguíneo/colérico, enfocando toda la atención sobre sí; Adam melancólico (con la mente de un genio) / flemático (calmado y chistoso) e imperturbado por las preguntas.

Los comentarios de Phil mostraron su falta de conocimiento sobre los temperamentos y dio por sentado que como la personalidad de Adam no era voluble como la de él, significaba que era un poco estúpido.

Phil: Me doy cuenta que usted no tiene mucho interés en este asunto.

Adam: Ciertamente estoy muy interesado, sencillamente no

tengo la energía que usted tiene.

Phil: Puedo ver que está aburrido.

Adam: De ninguna manera, no estoy aburrido, es que ésta es la cara con que nací.

Cuando la audiencia hacía preguntas a Adam, Phil se apresuraba a dar las respuestas. En una ocasión Phil se volteó para mirar a Adam, después de haber contestado por él y le dijo: "¿Así es como usted ve este asunto, no es así Adam?". a lo que Adam replicó: "¿Por qué me pregunta?".

No había necesidad de preguntarle, pues Phil estaba disfrutando de lo lindo diciéndole a los demás lo que Adam hubiera contestado. Los sanguíneos sienten que deben contestar por otros, porque ellos pueden decirlo mejor.

En nuestro hogar Marita y yo contestamos rápidamente las preguntas dirigidas a otros. Una tarde a la hora de la comida, Fred le preguntó a Freddie cómo le había ido en la escuela. Inmediatamente Marita contestó, "El tuvo que sentarse a la entrada de la oficina del director, de manera que supongo que le fue mal"

Ella ni siquiera iba a la misma escuela, sino que había pasado por ahí y había alcanzado a ver a Freddie cerca a la oficina del director. A éste no le gustó el informe de Marita y papá Fred tuvo que instituir una nueva regla que ni a Marita ni a mí nos gusta: *Solamente contesta la persona a quien se le ha preguntado.*

Esta disciplina retarda la conversación y resulta en algunos silencios, sin embargo permite que las persona más quietas puedan expresar sus pensamientos.

A medida que usted se familiariza con los temperamentos se dará cuenta lo rápido que los sanguíneos contestan por otros y que ni siquiera se dan cuenta que lo están haciendo.

Recuerde

El que interrumpe y contesta por otros, es maleducado y desconsiderado y no tardará en convertirse en persona no grata en las reuniones.

PROBLEMA: EL SANGUINEO ES DESORGANIZADO
       E INMADURO.

Solución: *Organice su vida:* Con frecuencia los sanguíneos son
las personas que otros consideran con mucha oportunidad de tener
éxito, sin embargo frecuentemente no alcanzan el éxito. Tienen
las ideas, la personalidad, la creatividad, pero raras veces pueden
organizar todos los detalles en el plazo que se requiere. Si acaso
obtienen un éxito instantáneo, se sienten en las nubes, pero si es
un objetivo que demanda planeamiento y trabajo durante años, lo
más probable es que lo abandonen y vayan en otra dirección. Son
muchos los sanguíneos que cambian de trabajo, aún de carreras,
en pocos años, porque les parece que la corona del triunfo es un
poco esquiva y llegan a la conclusión que es mejor buscar otra
cosa.

Muchos sanguíneos llegan a ser pastores, porque les gusta el
ministerio en la plataforma y realmente disfrutan ser el centro de
las miradas de todos aunque sea durante una hora cada semana.
Aunque son interesantes y entretenidos, con frecuencia están mal
preparados y tratan de arreglárselas como puedan en el último
minuto.

Una boda a la que asistí, estaba siendo oficiada por un pastor
bien parecido. Se paró al frente, cogió el micrófono y anunció el
primer himno. De repente su semblante se cambió en una expresión de pánico, dejó el micrófono y se puso a moverse en el púlpito
de un lugar a otro buscando algo entre los papeles. En ese momento la marcha nupcial empezó, de manera que tomó su lugar, se
colocó el micrófono y sonrió a la audiencia. La ceremonia fue
amena y personal pero con el uso de un vocabulario inusual para
una ocasión así. De repente hizo una pausa y pidió a los contra-
yentes que se arrodillaran para un minuto de oración silenciosa.
Le pidió a la congregación que inclinaran la cabeza, cerraran los
ojos y meditaran. Mientras que hacíamos lo que nos había pedido,
abrió la puerta lateral, atravesó el patio corriendo y entró en su
oficina. Casi al instante emergió trayendo un libro en su mano,
regresó de puntillas a su puesto, tomó el micrófono, respiró hondo
y dijo: "Amén" Luego abrió el libro y procedió a leer el resto de
la ceremonia correctamente.

(La oración silenciosa mantuvo a la mayoría de las cabezas hacia abajo, pero naturalmente yo decidí espiar y Fred cronometró el viaje del pastor en cuarenta y siete segundos).

Aunque las historias acerca de los sanguíneos son chistosas, muestran que tienen buenas intenciones, pero que raras veces esas personas logran alcanzar todo su potencial. Es el tipo de persona que no quiere ponerse a trabajar hoy. A la que algo siempre le sucede. A la que el placer atrae más que el trabajo.

En mi experiencia como consejera, encuentro que los sanguíneos están de acuerdo en que deben ponerse a trabajar y organizar su vida. Una persona así admitirá que no ha logrado lo que se ha propuesto hacer en la vida y que quiere mejorar. He gastado tiempo mostrándole lo que debe hacer y lo he enviado a que lo haga. Naturalmente tiene buenas intenciones, pero siempre sucede algo y no puede llevar a cabo lo que se había propuesto. Después de algún tiempo recuerda que se había propuesto hacer algunos cambios, perdió la lista y llegó a la conclusión que de todas maneras no habría resultado.

¿Se parece este tipo de persona a usted? Ustedes lo sanguíneos son los que tienen las mayores posibilidades. Es posible para un sanguíneo llegar a la cúspide de cualquier cosa, pero debe empezar ya a organizar su vida. Si espera hasta mañana lo más probable es que suceda algo que se lo impida.

Solución 2: *Madure*

¡Ustedes jovencitos!

Muchachos sanguíneos, de pocos propósitos.

Shakespeare conocía los temperamentos y al escribir acerca de los sanguíneos, se refiere a una de sus más grandes debilidades, el deseo de no madurar. Los sanguíneos viven como Peter Pan y quieren vivir volando sin aterrizar nunca, antes que tener que enfrentar las realidades de la vida.

Ningún negocio o matrimonio puede dar buenos resultados, cuando una o ambas de las partes rehusan madurar. La madurez no depende de la edad de las personas. Depende de nuestra voluntad de enfrentar nuestras responsabilidades y hacer planes realistas para cumplir con ellas.

David exclamó, "Quién me diese alas como de paloma, volaría yo, y descansaría..". (Salmo 55:6) Sin embargo no huyó de los problemas, les hizo frente, pidió que Dios le ayudara en el tiempo de angustia y venció aún en contra de los más negros presagios.

Recuerde

El sanguíneo necesita un salvador. Sin ayuda divina cómo podría:

Dominar su lengua

Controlar su ego

No tener una opinión muy alta de sí mismo

Cultivar su memoria

(El Espíritu Santo le ayuda a recordar)

Identificarse con otros.

Cuidar de otros y no solamente de sí mismo.

Tener en cuenta el costo.

Todo lo puedo en Cristo que me fortalece.

Filipenses 4:13.

9

Animemos al Melancólico

La persona melancólica es un estudio de contrastes. Presenta las más altas cumbres y las más profundas simas. Ama el estudio de los temperamentos porque le provee herramientas analíticas para usar en su constante búsqueda por la introspección, sin embargo resiste la teoría de los temperamentos porque tiene temor de que sea demasiado sencilla, demasiado fácil para entender y que no tenga un significado lo suficientemente profundo. Rehusa que lo coloquen bajo cierta clasificación, porque siente la diferencia de las personas de otros temperamentos. Es una persona única, compleja, desconocida aún para sí misma y con seguridad no es elegible para ser colocada en un grupo general de personas.

¿Una persona única? Lo sorprendente en el verdadero melancólico es su creencia que nadie más en el mundo es como él. Siempre ha sido capaz de probarse a sí mismo que está correcto y que todos los demás están equivocados. Sabe que podría ser feliz si tan solo los demás fueran como él.

Uno de los mejores beneficios que nosotros encontramos en nuestros seminarios es mostrar a los melancólicos que no son personas fuera de lo normal. Otros piensan, miran y actúan como ellos lo hacen. Cuando dividimos la audiencia en grupos de acuerdo al puntaje obtenido en su perfil de personalidad, los melancólicos lo hacen de una manera reluctante. No les gusta tomar parte en juegos y sienten que les es prohibido relajarse y ¡disfrutar de la vida! Cuando se reunen, sin embargo, es como si un velo hubiera sido levantado. Todos colocan las sillas correctamente puestas alrededor de la mesa; todos están vestidos meticulosamente, todos tienen lápices en la mano y todos desconfían los unos de los otros.

Mientras miran alrededor y comienzan a analizar el grupo, se dan cuenta que todos son semejantes. Mientras que calladamente se inspeccionan unos a otros, se dan cuenta que es válido el estudio de los temperamentos. Algunas veces una sonrisa o dos se dibujan en sus caras cuando reconocen la evidente unidad del grupo.

Un hombre me dijo que el momento en que descubrió esa verdad fue el punto que cambió su matrimonio. Había venido al seminario debido a la insistencia de su esposa sanguínea, quien lo había abandonado dos veces antes y estaba dispuesta a hacerlo otra vez. A su manera de ver las cosas, todos los problemas eran causados por ella. Ella tomaba la vida demasiado a la ligera; se había ganado a los niños con lo que parecía ser un soborno; y en veintiocho años de matrimonio no había aprendido a ser buena ama de casa. El vivía solo en una casa con ocho niños haciéndose a un lado física, mental y emocionalmente, dejándola a ella para enfrentarse sola con todas las circunstancias.

Cuando salió para unirse con el grupo de melancólicos aquel día en Phoenix, lo hizo sin el deseo de aprender algo nuevo, me dijo que casi entró en estado de shock al sentarse alrededor de la mesa y ver otras copias de sí mismo.

Dijo: "Ahora puedo ver lo que mi esposa ha estado viendo por todos estos años. Pude ver en los otros un reflejo de mí mismo. Pude ver la profundidad y la seriedad de propósitos, pero también vi una actitud superior y una completa falta de humor. Esa noche regresé a la casa y me disculpé con mi esposa por haber sido un hombre con cara de piedra juzgándola por veintiocho años. Ella lloró y me dijo, "Nunca pensé que serías capaz de verte tú mismo como otros te ven. Gracias a Dios".

"Al colocar mis brazos alrededor de ella en un abrazo de aceptación que nunca antes había mostrado, me di cuenta que nuestro matrimonio se había salvado".

Es mucho lo que nosotros podemos aprender si examinamos los rasgos que conforman nuestro temperamento y aprendemos de ellos.

PROBLEMA: LOS MELANCOLICOS SE DEPRIMEN FACILMENTE.

Solución 1: *Dese cuenta que a nadie le gusta las personas melancólicas:* Una caricatura de Colman titulada "Hombres y Mujeres" muestra a una pareja mirándose cara a cara. El se nota deprimido y ella dice, "Si ésta es la FELICIDAD, ¿cómo serás tú cuando estás TRISTE?". Con las personas melancólicas es a veces difícil diferenciar la felicidad de la tristeza, porque no les gusta emocionarse fácilmente y al fin de cuentas la vida es seria, por no decir deprimente. Mientras que el melancólico se ofende por el bullicioso y manipulador colérico, no se da cuenta que es él quien controla a los demás con su carácter caprichoso. Mientras que la gente aprende qué es lo que lo deprime, tratan de la mejor manera de no hacer nada que lo ponga en depresión. Esta relación tan cuidadosa es por tanto menos difícil y los demás tratan de evitar tener contacto con ellos en lo posible.

Cuando ustedes los melancólicos se dan cuenta de lo que están haciendo con su manera de ser, pueden empezar a mejorar.

Mientras que el sanguíneo tiene la obligación de organizarse, ustedes tienen la obligación de mostrar gozo. Mientras que yo le explicaba este principio a mi hijo, el respondió: "Pero no me siento gozoso".

"No tienes que *sentirte* gozoso, solamente tienes que *ser* gozoso. Es mejor tener un gozo fingido que una depresión genuina".

Dese cuenta que a nadie le gustan las personas tristes. Aunque usted tenga todas las razones del mundo para ahorcarse usted mismo, a nadie le gusta escuchar acerca de eso. A medida que los melancólicos envejecen, tienden a volverse más quejumbrosos. Deciden que nadie los ama y hacen todo lo posible para probarse a sí mismos que tienen la razón. La pequeña viuda se sienta en su casa mostrando a los demás que se siente muy sola. Una querida señora de la iglesia llega a visitarla y pregunta, "¿cómo está hoy?". La melancólica, que toma la vida seriamente, le dice cada uno de los problemas que ha tenido en el último mes. Sigue y sigue en esos detalles tan aburridos y termina diciendo- "Y nadie ha venido a verme".

La amable visitante sale fatigada a la luz del sol y determina nunca más volver a visitarla. Luego su nombre es añadido a esa lista mental de aquellos que no quieren volver a visitar y la melancólica ha perpetuado sus creencias negativas. Si solamente los melancólicos pudieran darse cuenta que a nadie le gusta personas quejumbrosas, ellos tratarían de ser menos pesimistas en su manera de ver la vida.

Solución 2: *No Busque Problemas.* Los melancólicos tienden a tomar cada cosa muy personalmente y constantemente buscan problemas. Una joven señora me dijo, "Mi esposo es tan negativo, que si vamos al cine y la película resulta pésima, me hace sentir como si yo hubiera sido la productora".

Los melancólicos tienen particularmente tiempos difíciles con sanguíneos y coléricos debido a que ellos dicen inconsideradamente todo lo que les viene a la mente sin pensar en las consecuencias. Debido a que el melancólico ha planeado con anticipación cada declaración, él asume que otros han hecho lo mismo y como consecuencia lee en cada comentario informal un profundo y escondido significado.

A medida que ustedes los melancólicos empiecen a entender los diferentes temperamentos, una pesada carga se levantará de ustedes. Se darán cuenta, que por primera vez, los sanguíneos/coléricos no están en contra suya. A lo mejor ellos no han pensado tanto en usted y con toda seguridad no han planeado nada con anticipación. A medida que ustedes aprenden a evaluar a otros por las características de sus temperamentos (y no por las suyas) ustedes tendrán una completa y nueva perspectiva de otras personas. Usted podrá sonreír a cada persona que pasa y dejar de buscar problemas.

Los melancólicos frecuentemente sienten que los demás no los toman en cuenta y se preguntan por qué no nos invitan a eventos sociales y sin embargo, cuando alguien se les acerca de forma amigable, frecuentemente rechazan a las personas con sus respuestas negativas. Un día invitamos a una mujer de esa clase para que viniera a una fiesta en nuestra casa. En lugar de mostrar entusiasmo, ella contestó, "Bueno, sí, acepto, estaré fuera de la casa todo el día y no podré hacer nada en la casa, así que supongo que puedo perder la noche también".

A veces un melancólico puede tomar una situación positiva y convertirla en algo negativo. La última vez que fui al salón de belleza, el hombre que me peinaba, tan pronto me senté, suspiró y me dijo: "Le cuento que su hija me está dando problemas". Yo supuse que Marita, mi hija, había llegado tarde a la cita y le pregunté, "¿Qué pasó?". Me contestó, "¡Sigue mandándome nuevos clientes. Me ha mandado diez nuevos clientes este mes y lo que es peor, les gusta mi trabajo y siguen viniendo!".

Una amiga me dio la siguiente lista que encontró en el peinador de su abuela:

Juana no me ha mandado una tarjeta de Navidad
    los últimos dos años.
Susana no me dio un beso de despedida.
Evelyn salió a su patio y no me saludó.
Ruth no me sacó para dar una vuelta
    como se lo pedí.
Hazel no vendrá a visitar al abuelo y dice que no
    es su responsabilidad.

¿Quién se puede imaginar cómo la abuela estaba planeando usar esa información? Pero sí estaba escribiendo de tal manera que nunca pudiera olvidar.

Para probar la teoría que los melancólicos realmente recuerdan los puntos negativos le pedí a un grupo de músicos con los cuales estaba trabajando si ellos podrían recordar cualquier incidente en el que un profesor de ellos en los primeros años de escuela les hubiera hecho sentir mal. Instantáneamente todas las manos se levantaron y escuchamos durante treinta minutos mientras ellos daban los detalles de todas las veces que habían sido rechazados.

Uno contó de su profesor de kindergarten que no le permitía tomar la leche con sus galletas; otro contó que había sido acusado de halar la "cola de caballo" de la niña que se sentaba enfrente de él, cuando en realidad había sido el niño de la camiseta verde; y otra se sentía todavía herida porque el profesor le había colocado una nota en su camisa, haciéndole ver que ella pensaba que él no era lo suficiente inteligente como para llevarla a la casa.

Fred puede recordar muchos incidentes de su niñez en que se sentía humillado. Había nacido en medio de una familia de cinco niños y no era suficientemente mayor como para obtener los privilegios, pero tampoco lo suficientemente joven como para tener toda la atención de la familia. En los videos caseros frecuentemente se ve llorando y sus hermanos le llamaban "Wha Wha" o *El niño llorón*. Aunque ahora sabe que sus problemas fueron acentuados debido a su temperamento melancólico, todavía puede recordar vívidamente muchos incidentes negativos.

Mi melancólico hijo, Fred, casi se emociona cuando alguna área de la escuela se incendia o cuando hay una batida antidrogas y llevan a la mitad de los estudiantes del octavo grado a la cárcel. Ninguna cosa que sea menos que una tragedia le puede excitar y realmente disfruta concentrando su atención en las cosas negativas.

Es solamente lógico deducir que cuando uno gasta mucha de su energía mental recordando los incidentes negativos, una persona como esa fácilmente cae en la depresión. Lo que el melancólico necesita es mantener sus pensamientos en incidentes positivos y en el mismo instante en que se encuentra pensando en los aspectos negativos de cualquier cosa, debe rechazar esos pensamientos inmediatamente. "Tú guardarás en completa paz a aquel cuyo pensamiento en ti persevera . . . (Isaías 26:3). ". . .Si hay virtud alguna, si algo digno de alabanza, en esto pensad" (Filipenses 4:8).

Solución 3: *No se sienta herido fácilmente*. Los melancólicos disfrutan sentirse heridos y este problema hace que se fijen en ellos mismos y en cómo son maltratados. Cuando mi esposo, Fred, era un adolescente, fue un melancólico profundo y se dio cuenta que no estaba recibiendo su parte del chicharrón del asado de los domingos. Siendo que a toda la familia le gustaba las partes bien tostadas del asado y Fred sentía que estaba siendo ignorado, empezó a escribir una lista que tituló "La lista del asado". Durante dieciséis semanas él tomó nota cada domingo: *12 de enero, Tía Edie y Dick; 19 de Enero, Esteban y e l abuelo. . .* Un día su mamá estaba limpiando el cuarto y encontró la lista sobre su escritorio. Allí estaba esa extraña lista con todas esas fechas y nombres. Cuando regresó a la casa, ella le preguntó qué era eso y él, muy satisfecho de sí mismo, le dijo a ella, "Esa es la lista de las personas que recibieron el chicharrón del asado. Usted se dará cuenta que en dieciséis semanas mi nombre no aparece. Ahora yo tengo pruebas que verdaderamente estoy siendo despreciado".

Su colérica madre difícilmente podía creer que él se hubiera tomado el tiempo para guardar un archivo acerca del chicharrón del asado, pero él se deleitaba en verdades negativas.

A muchos melancólicos les gusta sentirse heridos. Desde el principio, los pequeños melancólicos sienten que son ignorados. Este es un ejemplo:

El día de navidad, Josué de seis años, tuvo lo que se podría llamar un predecible insatisfactorio día. Primero que todo, hizo inventario de los juguetes que le habían regalado y de los que su prima Laura había recibido. Se dio cuenta que ella había recibido más. Aunque Josué había recibido ropa nueva, sábanas y colchas estampadas con figuras de la Guerra de las Galaxias, las lágrimas le corrían por las mejillas, mientras gritaba, "Santa Claus prefiere más a Laura que a mí!".

Solución 4: *Busque el lado positivo de las situaciones:* Los melancólicos se imaginan críticas que nunca han sido hechas. Si ellos escuchan que su nombre es mencionado al otro lado del cuarto, imaginan inmediatamente que la gente está hablando mal de ellos. En contraste, los sanguíneos pensarán que no iteresa lo que diga la gente, lo importante es que están hablando de ellos. Ellos creen en el viejo adagio que dice, "No hay tal cosa como una mala publicidad".

La mente del melancólico es como el dial de un radio sintonizado en la estación NEGATIVA, pero mucho de este énfasis se puede cambiar cuando el melancólico decide buscar el lado bueno de las situaciones, en lugar de estar obsesionado por los aspectos negativos. Busque los mejores rasgos en cada persona y cuando las cosas van mal, dele gracias a Dios por la experiencia y pídale que le muestre una lección positiva que usted puede aprender de esa situación. "...¡Dichoso aquel que confía en el Señor!". (Proverbios 16:20 Dios Habla Hoy).

Solución 5: *Lea el libro, aleje las nubes negras*. En mi libro, *Aleje las nubes negras*, (Harvest House) yo trato los síntomas de la depresión y las áreas en que uno puede ayudarse a sí mismo: buscar ayuda en otros y buscar ayuda espiritual. Este sencillo estudio hará que las personas de todos los temperamentos entiendan el asunto de la depresión y será de especial ayuda a los melancólicos.

Recuerde

Ponga énfasis en los aspectos positivos.

Elimine los aspectos negativos.

PROBLEMA: LOS MELANCOLICOS TIENEN UNA MALA IMAGEN DE SI MISMOS.

Solución 1: *Busque la fuente de sus inseguridades:* A causa de las inclinaciones negativas con que nacieron, los melancólicos concentran sus juicios más severamente en ellos mismos. Tienden a sentirse inseguros en reuniones sociales. Usualmente son atraídos hacía los sanguíneos quienes pueden conversar en lugar de ellos. He conocido melancólicos verdaderamente brillantes, nacionalmente reconocidos debido a lo exitoso de sus carreras, quienes parecen aterrorizarse si les piden decir unas pocas palabras en una fiesta. La baja imagen que tienen de sí mismos los melancólicos con frecuencia es el resultado de las críticas que hicieron de ellos sus familiares y profesores cuando eran todavía jóvenes. Siendo que los melancólicos absorben todos los comentarios negativos, la gente tiende a criticarlos más. Me di cuenta en el Club de damas, que las presidentas que permiten que las críticas las afecten, a menudo los críticos siguen haciéndolo. Aquellas a quienes no les importa, muy pronto los críticos dejan de hacerlo.

He preparado una cartilla sobre la imagen, propia para mujeres. En ella les pido que den su opinión acerca de su cabello, de su peso, de sus ojos, de su talento, de su espiritualidad y de muchos otros factores. Después que cada mujer ha escrito su opinión instantánea de ella misma, les pido que repasen la lista y anoten donde fue que por primera vez habían cogido esa opinión. ¿Fue acaso que su madre le había dicho que tenía un cabello terrible? ¿O fue acaso porque su padre dijo que ella no era muy inteligente? Ellas empiezan entender porqué tienen una baja imagen de sí mismas. En seguida les pido que evalúen si su opinión es válida todavía, o es algo del pasado. Si es válida, entonces nos trazamos un programa de mejoramiento. Si se trata de un mito, le piden al Señor que quite esas ideas negativas de sus mentes. "Señor, escucha mi oración, ¡permite que mi grito llegue a ti!". (Salmo 102:1, Dios Habla Hoy).

Solución 2: *Esté alerta para descubrir la evidencia de una "falsa humildad"*. Debido a que los melancólicos tienen una baja imagen de sí mismos tienden a buscar la alabanza de los demás de una manera sutil que ellos mismos ni siquiera reconocen. Dicen cosas como: "Nunca hago nada bien; mi cabello siempre es desgreñado; nunca sé qué ropa ponerme". Al decir cosas como esas, sienten que son humildes, pero en realidad es como si estuvieran alzando una bandera con un letrero que dice. "Soy una persona insegura". Lo que realmente el melancólico está haciendo es pidiendo que alguien le ayude a mejorar la imagen que tiene de sí mismo.

Recuerde

Los melancólicos tienen grandes posibilidades de éxito. No se convierta en su peor enemigo.

PROBLEMA: LOS MELANCOLICOS TIENDEN A APLAZAR.

Solución 1: *Escoja las "cosas correctas" antes de comenzar.* Debido a que los melancólicos son perfeccionistas, a menudo se abstienen de empezar ciertos proyectos porque tienen temor de no hacerlo correctamente. Mientras que los flemáticos aplazan con la esperanza de no tener que hacerlo, los melancólicos no empiezan debido a que se tiene que hacer perfectamente.

Cuando nosotros vivíamos en Connecticut, Fred decidió instalar un equipo de sonido "melancólico", diría yo. Para empezar, hizo un hueco en la pared de la sala y colocó el parlante en él. El tocadiscos estaba escondido en un closet, pero el parlante fue el punto focal de la sala y arruinó la decoración. Traté de hacer que él pusiera alguna cosa, cualquier cosa que fuera, en ese hueco negro, pero decidió esperar hasta que encontrara la "cosa correcta". Encontré un cuadro que yo podría haber colgado sobre él pero todavía se veían las marcas donde se había abierto el hueco; además, Fred no me permitió ponerlo debido a que distorsionaba el sonido. Toda solución que sugerí no era "correcta". Puse el piano en frente del hueco y apilé himnarios sobre él pero tampoco funcionó. Trate de colocar ramos de flores, pero lo único que hacía era llamar la atención hacia ese círculo negro. La Navidad era el mejor tiempo del año debido a que un árbol grande cubría el hueco y la gente quedaba impresionada con la música que salía detrás del árbol. Dos años más tarde, cuando Fred admitió que tal vez no podría encontrar la cosa correcta para colocar sobre el hueco negro, busqué un carpintero que vino y construyó un gabinete de madera para cubrir el hueco. Discutí este asunto con Fred varios meses antes que él pudiera decir, "Pienso que eso es lo correcto". Melancólicos, no nos provoquen al resto de nosotros con sus brillantes proyectos hasta que verdaderamente hayan conseguido "las cosas correctas" para poder llevarlos a cabo rápidamente.

Solución 2: *No gaste mucho tiempo planeando.* Una señora me dijo que su esposo consiguió todas las cosas correctas antes de arreglar un patio nuevo. Bultos de cemento se amontonaban sobre el prado matando el pasto y una vieja carretilla reclinaba al lado del portón durante meses. Todas las veces que ella se quejaba él decía que no podía empezar a arreglar el patio hasta que no tuviera un plan completo para todo. Todavía está diseñando el patio nuevo y ella ha sembrado geranios en la carretilla.

Mi amiga Arlene le pidió a su esposo unos sencillos estantes para libros. El duró tres meses haciendo diseños. El esposo de Jacqueline construyó un soporte para el acuario de su hijo. Me mostró cuatro páginas de borradores que había hecho antes de iniciar la construcción.

Si le pido a Fred colocar un cuadro, él tiene que analizar la pared. Invariablemente, está torcida y esa revelación es deprimente. Tiene que medir la altura y la anchura de la pared y las dimensiones del cuadro. Necesita la clase correcta de clavos y un martillo pequeño, que generalmente no puede encontrar. Ya sé por experiencia que si quiero colgar un cuadro rápidamente, debo coger el primer clavo que encuentre, un zapato viejo y meter el clavo donde pienso que el cuadro debe quedar. Si no se ve bien donde lo colgué quito el clavo y lo muevo un poco. Después de probar unas pocas veces, lo dejo en el lugar correcto. Cuando trasteamos la última vez, Fred descolgó los cuadros y realmente quedó sorprendido que detrás de cada cuadro había una serie de huecos que él tuvo que tapar.

Recuerde

Si los melancólicos no emplearan tanto tiempo en planear, no nos obligarían al resto de nosotros a seguir adelante sin preparación y por ende, el trabajo no quedaría chapuceado!

PROBLEMA: LOS MELANCOLICOS DEMANDAN COSAS POCO REALISTAS DE LOS DEMAS.

Solución 1: *Baje sus estandards:* Debido a que los melancólicos tienen altos estandards ellos hacen todas las cosas a la perfección, pero cuando tratan de imponer sus estandards en los demás, eso se convierte en una debilidad.

Una joven sanguínea dijo en un seminario, "Nunca he hecho nada correcta desde que estoy casada con mi melancólico esposo. Cuando me muera tendré que regresar y hacerlo otra vez porque nunca hago nada correcto la primera vez".

Cuando celebré un seminario en Palm Springs, una señora melancólica muy elegante vino a hablar conmigo. "Nunca había oído hablar de los temperamentos y estoy pensando que tal vez esto pueda explicar lo que está mal en mi hijo".

Luego ella me dijo acerca de los estandards normales en su casa. Ella, su esposo y un hijo eran melancólicos y hacían todas las cosas correctamente. Ella colocaba las revistas en la mesa de café en una perfecta fila, con cada una sobresaliendo lo suficiente para dejar ver el nombre de la que estaba debajo de ella. Las revistas estaban exactamente a cinco centímetros del borde de la mesa y eran siempre los números más recientes. Nadie podía leer una revista hasta que llegara la próxima entrega, de manera que siempre se veían nuevas y ordenadas. Un día su "hijo raro" (que era de diez años de edad) entró en la sala, arrojó todas las revistas al piso, cogió una, rasgó la carátula, hizo una pelota y la botó a los pies de ella. Ella se sintió tan mal con este comportamiento anormal que hizo una cita para su hijo con un psiquiatra.

Al discutir el problema, le enseñé que mientras los melancólicos sienten que tener todas las cosas perfectas es algo normal, este tipo de presión constante es suficiente para convertir un niño sanguíneo en un salvaje. El muchacho no podía aguantar por mucho más tiempo esta estricta perfección. Conocer los temperamentos es de una gran ayuda cuando tratamos con otros. La señora tenía altas normas que eran maravillosas para ella y para los otros dos melancólicos, pero imponerlas a un sanguíneo era algo imposible. Cuando ella entendió esto dijo: "Yo pensé que era un caso mental".

"Eso será lo que obtenga si insiste en esto," repliqué.

Solución 2: *Esté agradecido que usted entiende su temperamento*. El estudio de los temperamentos es de gran valor para los melancólicos. A medida que empiecen a entender porque otros se comportan y reaccionan de una manera diferente, ellos pueden empezar a mejorar sus relaciones con la familia y con amigos en una manera positiva.

Muchos melancólicos sienten que hay algo mal con ellos porque no son tan alegres y joviales como parecen que los demás son. La gente les dice que se animen y en lugar de hacerlo, se encierran en ellos mismos. Es por eso que muchos melancólicos me han dicho que sienten como si una carga se hubiera levantado de sus mentes cuando se dan cuenta que no están mentalmente enfermos, sino que pertenecen a uno de los cuatro temperamentos básicos.

Linda Schreiber escribe desde Laguna, California:

Es muy difícil poner en palabras lo valioso que fue para mí la conferencia sobre los temperamentos. Es difícil de creer que esto sea algo tan viejo como Hipócrates y sin embargo esta es la primera vez que yo he escuchado acerca de esto. Soy una verdadera melancólica y el conocer acerca de los temperamentos resolvió muchos problemas que tenía en mi mente. No puedo decir cuántas veces he sido realmente ofendida por mis amigas. Ahora puedo ver con facilidad que muchas de mis amigas son sanguíneas. Realmente no quieren herirme, pero lo que sucede es que soy muy sensitiva a las maneras de ellas. La cosa que me sorprende es que esto es tan sencillo ahora que puedo tener una visión del conjunto. No creo que tenga amigas o parientes que sean melancólicos. Mis sentimientos fueron siempre tan fuertes en comparación con los de los demás que empecé a pensar que sufría de severos problemas emocionales! Esto ha sido como si un peso se hubiera quitado de sobre mí al saber que no soy tan diferente sino que soy de uno de los cuatro temperamentos básicos!

Recuerde

No todo en la vida puede ser perfecto, así que relájese.

¡Sin embargo! La Palabra de Dios nos recuerda:

. . .Busquen la perfección; anímense y vivan en ármonía y paz...
2 Corintios 13:11 Dios Habla Hoy.

10

Bajémosle el Tono al Colérico

Mientras que los sanguíneos ven sus problemas como algo trivial y los melancólicos los ven como algo real y sin esperanza, los coléricos rehusan creer que hay algo malo con ellos o algo que pueda ser ofensivo. Porque la premisa básica de su manera de pensar es que siempre están en lo correcto y naturalmente no pueden ver que posiblemente estén equivocados.

El Señor sin faltas. Durante un tiempo de descanso en un seminario de enriquecimiento matrimonial una tarde, un colérico vino corriendo por el pasillo, levantando en el aire los resultados del cuestionario sobre los temperamentos.

"Tengo todos estos puntos positivos y ninguna debilidad," gritaba. Detrás de él venía su pequeña Flemática esposa moviendo la cabeza en señal de desaprobación, pero sin atreverse a decir ni una palabra.

"Aun más," él dijo, "estas cosas en realidad no son debilidades".

"¿Qué quiere decir?" le pregunté.

"Bueno, mire por ejemplo a la palabra *impaciente*. ¡Yo nunca me pondré impaciente si todos hacen lo que les digo que deben hacer!". Golpeaba el atril para dar énfasis colérico y con palabras que solo un colérico puede decir sin inmutarse, terminó diciendo,

"La impaciencia no es una debilidad en mí; es una falta en los demás".

Ahí mismo está la clave del problema de los coléricos y la razón por la que ellos no tratan de mejorar. Siempre son capaces de racionalizar porque las debilidades no son de ellos sino faltas en los demás. Si se puede convencer a un colérico de su naturaleza áspera, él será el más listo de todos en mejorar, porque su propósito está orientado hacia lograr metas y debe probarse a sí mismo que puede conquistar cualquier cosa si se propone hacerlo.

PROBLEMA: LOS COLERICOS SON TRABAJADORES COMPULSIVOS.

Solución 1: *Aprenda a relajarse.* El colérico es un gran trabajador y puede lograr más que una persona de otro temperamento, pero el lado negativo es que sencillamente no puede relajarse. El va a toda velocidad de manera que no puede parar de trabajar. Siendo que Fred y yo somos los dos medio-coléricos, ustedes pueden imaginar la actividad que generamos. Si nos sentamos, nos sentimos culpables. La vida es para lograr metas y para producir.

> *Toda casa ha sido hecha para ser cambiada.*
> *Toda comida puede ser mejor.*
> *Todo cajón puede estar mejor arreglado.*
> *Todo trabajo se puede hacer más rápido.*

Lo colérico que habita en nosotros nos hace seguir. y seguir y seguir. Nunca se sienta si hay algo por lo cual debe estar de pie para hacerlo. Una vez dije a una amiga Flemática, como detesto tener que forzarme a mí misma para tomar un descanso y la única manera en que puedo descabezar un sueño es si considero que dormir es un paso para alcanzar una mejor salud.

"Todo el tiempo que estoy descansando," le expliqué, "Estoy planeando qué es lo que voy a hacer tan pronto me levante".

"Eso es chistoso," dijo. "Todo el tiempo que usted está descansando usted quisiera estar levantada. Conmigo es lo opuesto. Todo el tiempo que estoy levantada, desearía estar descansando".

Las dos nos reímos cuando nos dimos cuenta de las diferencias extremas entre los coléricos, a quienes les gusta trabajar y los Flemáticos quienes realmente disfrutan el descanso.

El último año Fred y yo decidimos que necesitábamos urgentemente un descanso. Mi hermano Ron sugirió una isla en las Bahamas que es tan aislada que estaríamos obligados a relajarnos. Tomamos un avión para ir a ese paraíso donde lo único que planeamos hacer era descansar.

El primer día perdimos el desayuno. (¡Cuando bajamos a desayunar el personal ya se había ido!) Después del desayuno del segundo día, salimos para investigar la geografía de la isla. Nos encontrábamos en el centro de la isla y nos dimos cuenta que solamente había dos cosas que hacer: caminar a la derecha o caminar hacia la izquierda. A la hora del almuerzo ya habíamos hecho las dos cosas.

Después del almuerzo Fred y yo fuimos a nuestro cuarto y nos sentamos al borde de las camas gemelas. Fred cogió una libreta de notas y dijo, "Creo que es tiempo que organicemos estas vacaciones. Es mejor que bajemos para el desayuno antes que el personal se vaya. Podemos desayunar tranquilamente y luego nos pondremos los vestidos de baño a las 9:30 a.m. Después caminaremos hacia la izquierda. Después de habernos bronceado en la playa hasta las 11:00 a.m., regresaremos al cuarto para vestirnos y luego ir a almorzar".

Yo movía la cabeza en señal de aprobación, mientras Fred anotaba el programa de actividades teniendo en cuenta cada minuto hasta las 3:00 p.m. que sería la hora cuando caminaríamos hacia la derecha.

En ese momento me di cuenta lo que estábamos haciendo. Los coléricos que estaban necesitados de un descanso estaban planeando lo que iban a hacer cada día, de tal manera que no desperdiciaríamos nuestras vacaciones. Aunque sabíamos que habíamos escogido un lugar quieto, era tan contrario a nuestras naturalezas relajarnos que estábamos planeando ¡cómo hacer lo más posible en el tiempo que teníamos!

Los coléricos deben darse cuenta que son candidatos para sufrir un ataque cardíaco y que deben aprender a relajarse. Yo me obligo a descansar y me disciplino para acostarme a una hora conveniente cuando estoy viajando. Sin embargo aunque las fiestas pueden durar por largo tiempo; digo las buenas noches y me retiro a dormir.

El colérico nunca es perezoso, pero debe darse cuenta que no necesita estar trabajando todo el tiempo.

Solución 2: *Lea el libro Cuando descanso me siento culpable.* Es difícil para un colérico tomar las cosas con calma. Tim Hansel escribió un libro que le cae perfectamente a los coléricos titulado, Cuando descanso me siento culpable" (David C. Cook). El dice, "Ha sido muy difícil para mí incorporar el entretenimiento en mi vida. Nunca he sido acusado de trabajar poco. Mi problema ha sido exactamente todo lo opuesto. Yo me imaginaba que si era bueno trabajar diez horas era aún mejor trabajar catorce horas".

Luego desafía a otros adictos al trabajo. "¿Es posible que sus días estén pasando tan rápido que usted no se dé cuenta de cómo están pasando los días? ¿El *jugar* y *descansar* son palabras extrañas en su vocabulario que define su manera de vivir? ¿Cuándo fue la última vez que usted echó a volar una cometa, o que fue a dar una vuelta en bicicleta, o que hizo algún trabajo manual? ¿Cuándo fue la última vez que disfrutó la vida de tal manera que estuvo sonriendo? Lo más seguro es que eso hace mucho tiempo que sucedió".

Tim nos habló a Fred y a mí. El nos mostró que no era necesario para nosotros organizar nuestras vacaciones o estar siempre empujando a nuestros hijos a hacer algo. Podríamos relajarnos sin sentirnos culpables. Desde que Fred y yo discutimos esta debilidad francamente hemos comenzado a divertirnos juntos. He dejado de empujarlo a trabajar en el patio todos los fines de semana y ya no siento que es un pecado si mi casa no parece un museo todo el tiempo.

Los coléricos tienen que aprender a relajarse. Trate de hacerlo ¡puede ser que le guste!

Solución 3: *Dejen de presionar a los demás.* La sorprendente capacidad de trabajo de los coléricos es al mismo tiempo una ventaja y una desventaja. Desde el punto de vista de los negocios, el deseo de progreso y de éxito hace que el colérico sea el rey. Ya sea hombre o mujer, el colérico va con todas sus fuerzas en pos de la meta. El colérico puede lograr más en menos tiempo que las personas de los demás temperamentos. El promedio de las personas sanguíneas necesitan algo del impulso de los coléricos para alcanzar cualquier cosa. Y el melancólico necesita la compulsión del colérico para que deje de analizar el trabajo y empiece a hacerlo. El Flemático, que prefiere observar a trabajar, tiene que impulsarse a sí mismo para alcanzar las metas, lo que es algo inherente en los coléricos. La fuerza que impulsa a los coléricos a buscar logros es algo natural en ellos y las personas de los demás temperamentos se sienten incapaces de imitar su impaciencia para lograr sus metas.

La mente del colérico fija en un solo propósito, no permite que nada se interponga en su camino y eso es lo que lo hace alcanzar más que las personas de los otros temperamentos. Pero esa fuerza puede cansar a otros.

Dorothy Shula dice de su esposo, Don, entrenador de los Delfines de Miami,

> *Estoy casi segura que si muriera mañana, Don encontrará una manera de preservarme hasta que termine la temporada y él tenga el tiempo para organizar un buen funeral.*

Yo prefiero trabajar que hacer cualquier otra cosa. Recientemente en un viaje a Phoenix, se pinchó una llanta del auto en que viajaba Marita y yo y tuvimos que ir a una estación de gasolina. Yo estaba trabajando en el bosquejo y en las notas que iba a usar en un seminario de entrenamiento para conferencistas y había estado sumergida en mi trabajo todo el viaje. Cuando llegamos al garaje, salí del auto con las carpetas en mis brazos, las coloqué sobre el capó mientras que levantaban la parte trasera del auto para cambiar la llanta. De repente me di cuenta lo que estaba haciendo. Estaba tan sumergida en mi organización que no podía dejar de trabajar y allí me encontraba en un garaje extraño, colocando carpetas de manila sobre el auto mientras que la demás gente pasaba a mi alrededor. Ni siquiera era capaz de tomar un descanso; tenía compulsión para trabajar.

Los coléricos tienen que darse cuenta que aunque tengamos trabajo, nuestra compulsión para alcanzar objetivos hacen que los que estén a nuestro alrededor sufren una terrible presión. Les hacemos sentir que si no se están moviendo cada momento, son ciudadanos de segunda clase. Dorothy Shula algunas veces seguramente se siente menos que un Delfín. Pongo presión en los están a mi alrededor. Los coléricos deben tratar de no llegar a ser adictos al trabajo de manera que otras personas disfruten estar en su compañía y que no tengan que alejarse de ellos para evitar tener una postración nerviosa.

Solución 4: *Planee actividades de esparcimiento*. Debido a que al colérico le gusta trabajar aunque esté de vacaciones, otros coléricos han encontrado una nueva actividad ser consejeros de cómo usar el tiempo de esparcimiento. Es apenas lógico que nosotros los coléricos hagamos un negocio de nuestro esparcimiento y contratemos a alguien para que busque la manera en que podamos divertirnos! En un artículo titulado "Ellos Organizarán Su Tiempo de Esparcimiento" (*Parade* Febrero 25, 1979), el Dr. Chester McDowell, consultor sobre estilos de recreación, dijo lo siguiente al reportero acerca de nosotros los adictos al trabajo: "Ellos levantan toda clase de barreras que les impiden disfrutar el tiempo usado en ellos mismos y se sienten culpables cuando usan el tiempo para esparcimiento. Les ayudamos a echar abajo todas esas barreras".

Investigaciones hechas entre los adictos al trabajo señalan que ellos no sienten la necesidad de diversión como las personas de otros temperamentos y que sencillamente les gusta trabajar. Tampoco tienen más problemas psicológicos que los demás, un hecho que parece sorprendente a los investigadores quienes son, sin duda, melancólicos buscando profundas y escondidas neurosis.

A los coléricos sencillamente les gusta trabajar.

En un artículo titulado, "¿Es Su Diversión Trabajar Demasiado?". (*Parade*, Octubre 11, 1981), Madelyn Carlisle pregunta, "¿La recreación le está destrozando? ¿Se aburre cuando lo que usted necesita es estímulo? ¿Se siente tenso cuando lo que quiere es relajarse?". Luego ella señala lo importante que es para todos planear un tiempo de quietud si el trabajo que normalmente desarrollan es activo, o planear algún ejercicio si el trabajo que la persona hace es sedentario. Los coléricos deben planear alguna actividad de esparcimiento.

RECUERDE

Usted puede relajarse sin necesidad de sentirse culpable.

PROBLEMA: LOS COLERICOS SON PERSONAS QUE SIENTEN LA NECESIDAD DE TENER TODO BAJO SU CONTROL.

Solución 1: *Obedezca al liderazgo de otros.* Cuando he tenido que tratar con coléricos extremos he descubierto que ellos se sienten confortables solamente cuando están en posiciones de autoridad. Marita estuvo saliendo con un joven excepcionalmente colérico quien era una persona agradable. Cuando lo tratamos en su medio ambiente, él nos trató de una manera realmente regia, nos dimos cuenta que daba costosos regalos y que le gustaba dar propinas abundantes a los camareros cuando recibía un servicio extra. Sin embargo, cuando tuvimos la oportunidad de compartir con él en nuestro hogar, el se sintió incómodo y no mostró tanta gracia. Cuando analizamos este contraste en su comportamiento, nos dimos cuenta que se sentía inseguro cuando no estaba en control de la situación.

Los coléricos tienen que aprender a adaptarse a las diferentes situaciones sociales y tratar de relajarse cuando no están en una posición de liderazgo. El colérico debe permitir que otros tomen decisiones y hagan las funciones de organizadores. Es necesario que aprenda a aceptar y tomar parte en los eventos que no ha planeado y aceptar el liderazgo que no ha sido escogido por él mismo.

Solución 2: *No desprecie a las personas que le parecen torpes.*

Una de las más dramáticas debilidades del colérico es la firme convicción que tiene que está en lo correcto y que los que no ven las cosas en la manera que él lo hace están equivocados. Siempre sabe la manera de hacer las cosas más rápidamente y mejor y así se lo dirá a usted. Si por alguna razón no responde a sus requerimientos eso significa que usted ha sido cogido en una falta. El colérico gasta la mayoría de su tiempo parado en la parte más alta del mundo mirando hacia abajo hacia aquellos que con frecuencia llama "los torpes de la vida". Esta actitud de superioridad puede producir un daño psicológico a aquellos que están bajo el dominio de un colérico.

Debido a que los valores de la personalidad de un colérico son en sí mismo su fortaleza, desprecia con poca misericordia las debilidades que están en otros. No puede tolerar personas enfermas y como me dijo una amiga acerca de su esposo colérico, "Cuando estoy enferma me lleva a la cama. Luego dice, "Sal cuando estés bien," y cierra la puerta.

Un conferencista colérico que hace poco conocí me dijo, "Detesto las personas inseguras; sencillamente quisiera sacudirlas". El no soportar las debilidades de otros es la mayor debilidad de un colérico. Sencillamente no pueden entender personas que no son como ellos y llegan a la conclusión que todos los demás son débiles o estúpidos. Es muy difícil para un colérico comprender que no todos van a aceptar estar bajo su liderazgo. El espera que cada persona esté motivada por sus programas e inspirada por sus ideas. Cuando un colérico entiende los temperamentos, puede adaptar su liderazgo a las capacidades de los demás. Cuando no conoce los temperamentos él recluta a otros coléricos para que estén de acuerdo con sus principios y deja "que los tontos" queden tendidos a lo largo del camino.

Solución 3: *Deje de manipular*. El colérico tiene una admirable manera de hacer que los demás hagan las cosas sin que se den cuenta que están siendo manipulados. Mientras que el sanguíneo convence a otros para que confíen en él, el colérico los manipula. Naturalmente, un sanguíneo/colérico manipula de una manera tan agradable, que ni siquiera usted tendrá la idea de lo que está haciendo.

Cuando Marita tenía doce años, quería ir a participar todo el día en un desfile llamado "La marcha de Jesús" y yo estuve negándole mi permiso hasta que recibí la siguiente nota:

Deje que Marita
participe en el Desfile de Jesus.
Si esta tratando de adivinar quien es el que le habla,
este es el Señor. Yo estare con ella y la protegere.
Ella podra trabajar para usted el sabado
y su trabajo sera bendecido si permite que ella vaya.
Se que permitira que Marita vaya,
Dios.

¿Quién Puede Oponerse a La Voluntad de Dios?

Lauren, quien es más colérica que Marita, es una maestra en el arte de manipular. Un día me hizo una pregunta hipotética. Su perra Schnauzer, llamada Monie, había entrado en celo y Lauren me preguntó: "¿Si usted fuera a recibir uno de los perritos de Monie, preferiría que la enrasara con ese perro gran campeón que encontré en Palm Springs o ese Schnauzer común y corriente de la casa vecina?". Titubeé antes de contestar su pregunta, porque definitivamente no quería nada de lo cual tuviera que arrepentirme después. "Si fuera a recibir uno (lo que no quiero hacer), preferiría al hijo de un campeón no al hijo de un perro común y corriente".

Rápidamente Lauren estuvo de acuerdo, "Sabía que estaría de acuerdo conmigo. Ahora, el próximo miércoles, cuando ella tiene que ser enrasada, voy a necesitar trescientos cincuenta dólares y usted puede cubrir esta suma de cualquiera de estas dos formas. Puede darme el dinero de una vez o puedo retener los derechos del genealógico de su cachorro, lo que hará la diferencia dentro de unos pocos años".

Me senté atontada. En menos de dos minutos, había pasado de no querer ningún cachorro bajo ninguna circunstancia hasta criar Schnauzers sin recibir honorarios.

Tan pronto como me repuse, mi naturaleza colérica firmemente rechazó esta oferta tan promisoria y sentí que había ganado. Pero los coléricos nunca se rinden. Lauren enrasó a Monie con el perro común y corriente de la casa vecina y me dio un cachorrito como regalo de Navidad.

Aunque estas historias familiares parecen graciosas, la mayoría de los sucesos entre coléricos no lo son. Aunque aparentemente el colérico consigue lo que quiere por medio de sus manipulaciones, más tarde, cuando las personas reflexionan sobre lo que ha pasado, detestan haber sido engañados. Para poder conservar amigos y socios durante cualquier período de tiempo, el colérico tiene que dejar de manipular y ser franco con los demás. A los coléricos no les gusta hacerlo, porque realmente disfrutan con sus conquistas hechas por medio de intrigas. Si tan sólo el colérico se pudiera dar cuenta de lo poco atractivo qué es la manipulación, entonces podría considerar la necesidad de cambiar.

Recuerde

Deje de manipular a los demás y no los mire como si fueran torpes.

PROBLEMA: LOS COLERICOS NO SABEN COMO TRATAR A LAS DEMAS PERSONAS.

Solución 1: *Paciencia y más paciencia.* Me gusta muchísimo el mensaje contenido en Santiago 1:2,3: "Ustedes deben tenerse por muy dichosos cuando se vean sometidos a pruebas de toda clase. Pues ya saben que cuando su fe es puesta a prueba, ustedes aprenden a soportar con fortaleza el sufrimiento". (Dios Habla Hoy). Realmente es un gran mensaje de las Escrituras para los coléricos quienes quieren que todas las cosas sean hechas a su manera e inmediatamente y quienes tratan de deshacerse de cualquier cosa que no sea positiva. Los coléricos son impacientes por naturaleza, pero pueden vencer esta debilidad cuando se dan cuenta que es un problema.

Como los coléricos pueden lograr más en corto tiempo que las personas de otros temperamentos, es muy difícil para ellos enten-

cuenta que es un problema.

Como los coléricos pueden lograr más en corto tiempo que las personas de otros temperamentos, es muy difícil para ellos entender porqué otros no pueden seguir con ellos. Sienten que las personas quietas deben ser estúpidas y que las personas que no son agresivas son débiles. Como mantienen una posición de fortaleza y confianza en sí mismos, juzgan a los demás como si fueran miembros de una raza inferior.

El beneficio más grande que un colérico puede recibir de este estudio de los temperamentos es que llegue a darse cuenta que su habilidad de lograr objetivos en corto tiempo es con frecuencia un impedimento en sus relaciones con otras personas. A nadie le gusta un mandón, una persona impaciente que le hace sentir inseguro. Si solamente un colérico llegara por un momento a permitir que su mente se fijara en el hecho que está siendo rudo con otros, podría modificar su comportamiento rápidamente y llegar a ser el gran líder que piensa que es.

Solución 2: *Guarde su consejo hasta que se lo pidan*. Como el colérico tiene una compulsión para corregir la cosas que están erradas, da por seguro que toda persona que tenga un problema estará lista a recibir su solución. El colérico siente que tiene que dar instrucciones a todo aquel que necesita ayuda sea que lo haya pedido o no. Nuestro amigo Juan conducía su auto bajando de unas montañas. Se dio cuenta que el camión que iba en frente de él estaba deslizándose de un lado a otro. El camión parecía nuevo y por eso Juan asumió que el hombre había comprado un camión defectuoso y recibiría con mucho agrado su consejo. Manejó su automóvil hasta que estuvo al lado del camión y empezó hacerle señas al chofer para que parara a un lado de la carretera. El hombre le miró y entonces decidió ignorar a Juan, quien insistió usando el pito y señalando el lado de la carretera. Por fin el hombre decidió parar. Le explicó al sorprendido hombre que su camión estaba deslizandose de un lado a otro de la carretera.

"¿Está haciendo *qué*?".

"Está deslizandose de un lado a otro. Eso significa que el chasis del camión está torcido. A lo mejor se le cayó cuando lo estaban

Después de dar semejantes instrucciones se fue y dejó al hombre parado al lado de la carretera desilusionado del camión que tenía. Juan siguió su camino satisfecho de la gran ayuda que le había brindado al dueño del camión. No todas las personas responden con alegría a los consejos de los coléricos.

Solución 3: *Bájele el tono a medida en que se acerca a los demás.* En una encuesta que hice en un seminario de *Enriquezca su personalidad* para averiguar cuáles son las cosas que a las personas no les gusta en los demás. El ser mandón fue el ganador. A nadie le gusta personas que siempre están mandando. Les pedí escribir una segunda lista en la cual enumeraban sus defectos y ninguno de ellos era mandón. Es sorprendente que a todos nos disgusta las personas mandonas y sin embargo ninguno de nosotros tenemos este defecto. La obvia conclusión es que las personas con este defecto no se ven a sí mismas como otras personas las ven. Sienten que están siendo de ayuda y que otros deben estar agradecidos con sus consejos.

Como el colérico piensa rápido y sabe lo que es correcto, dice lo que le viene a la mente, sin preocuparse de cómo la gente va a recibir sus consejos. Una persona así se preocupa más que las cosas sean hechas que en los sentimientos de los demás. El siente que está ayudando una causa, pero las personas que se encuentran en su camino puede ser que la vean como un mandón.

Los coléricos no solamente son mandones oralmente, sino que realmente son escritores de notas con instrucciones. Un día mi amiga sanguínea Peggy vino con un montón de papeles en la mano. Se veía trastornada mientras que me los mostraba y decía, "¡Mire lo que me ha escrito mi mamá! ¡Mientras ella no estaba cuidamos su casa y mire lo que me ha escrito! La primera hoja decía:

Peggy, ¡devuelve mi olla roja!

(A los coléricos les gusta subrayar para dar énfasis y usan símbolos de exclamación para indicar que realmente hablan en serio.)

La segunda nota decía:

Peg,

¡¡Por favor *recuerda* apagar el calentador antes que

salgas, pues esto hace aumentar la CUENTA!!

La tercera había sido adherida a la maquina de lavar con dos curitas.

Peg

Cierra los dos grifos después de lavar. Si los dejas abiertos el agua puede salirse e inundar toda la sala. ¡¡También saca la pelusa de la secadora *Cada vez!!*

Debido a que Peggy es sanguínea no le daba importancia a las notas. Un día su mamá vino inesperadamente y encontró el lugar hecho una nada. En esa ocasión había colgado la nota final que decía:

Peg,

No me gustó como encontré la casa.

No encontraste el asador sucio (como lo has dejado), tampoco encontraste apagada la alarma es que precisamente la tenemos para proteger *nuestra* propiedad.
¡*Estoy muy disgustada* como bien puedes ver!
Si usas nuestra casa otra vez *déjala* como la *encontraste*.

Cariño, Mamá.

A pesar que Peggy estaba disgustada. Yo realmente estaba entusiasmada con las notas que su madre había dejado y le pregunté si podría guardarlas. Son ejemplos perfectos de las instrucciones que suelen impartir los coléricos y que piensan son justificados (mientras que los demás piensan que están siendo mandones).

Solución 4: *Deje de argumentar y causar problemas.* Como el colérico piensa que es correcto, disfruta dirigiendo al inseguro y confundido público en la batalla y luego ganar triunfalmente. El derrotar a "los tontos" y hacerles ver que están equivocados llega a ser el desafío de un pasatiempo para los coléricos.

El hermano de Fred, Steve, aficionado a estudiar "Palabras comúnmente mal pronunciadas" publicado en el *Reader's Digest*, lleva las páginas desprendidas en su billetera, luego espera hasta que algún inocente comete un error. Tarde o temprano alguien cae en la trampa y el le cae a la persona con júbilo y le dice, "Creo que va a encontrar que ha pronunciado mal esa palabra". La víctima tartamudeaba mientras que Steve sacaba la prueba de su billetera, señalándole la corrección y dejaba a la persona en un estado de devastación. Solamente a los coléricos les gusta este juego de derribar a los inocentes.

A los coléricos les gusta las controversias y los argumentos ya sea que lo hagan por diversión o seriamente, esa manera de causar problemas es una característica muy negativa en su temperamento.

Recuerde

A nadie le gusta un impaciente y mandón problemático.

PROBLEMA: LOS COLERICOS TIENEN LA RAZON PERO SON IMPOPULARES.

Solución 1: *Deje que otro también tenga la razón.* Es muy difícil aconsejar a los coléricos porque siempre tratan de probar que las razones por las cuales lo hicieron eran las correctas. Como la persona colérica piensa que es perfecta, si lo que hizo no fuera la cosa correcta de hacer, no lo hubiera hecho. El colérico sencillamente no puede estar equivocado. No puede admitir en su ego interior que puede estar equivocado. Esta opinión hace que a veces sea casi imposible tratar con el colérico.

Mi hermano Ronaldo me contó de un incidente que tuvo con un oftalmólogo colérico. El quería un par de gafas bifocales para el sol para su esposa. Fue donde el optómetra y le dijo lo que necesitaba. El hombre le contestó, "Eso es imposible". Mi hermano, por ser colérico, no iba a abandonar tan fácilmente el asunto y persistió en su pedido.

"No entiende lo que estoy diciendo: quiero un par de gafas para el sol con la fórmula para leer en la parte de abajo, de tal manera que ella pueda leer revistas mientras está en la piscina".

El hombre respondió con otro "Eso es imposible".

Mi hermano continuó dando explicaciones lógicas y el oftalmólogo persistió en su rechazo. Finalmente Ron cogió la fórmula de las manos del hombre y le dijo, "Iré a otra parte para que hagan las gafas".

Para no permitir que pasaran por encima de él, el hombre le dijo a Ron mientras salía, "¡Si va a otra parte y le hacen los anteojos como usted los quiere, están equivocados!".

Ese es un ejemplo clásico de un colérico que sabe que está en lo correcto.

Solución 2: *Aprenda a disculparse*. Debido a que el colérico sabe todo y está convencido que siempre tiene la razón, no se imagina que tal vez debería pedir disculpas. El considera la frase "Lo siento mucho" como un signo de debilidad y evita usar esa expresión como si fuera una enfermedad. Un joven colérico estuvo viviendo con nosotros durante un año y en ese tiempo se sintió con la libertad para criticarnos, pero nunca se dio cuenta que *él* estaba siendo un problema. Una mañana llegó al comedor después de la hora del desayuno y empezó a buscar un cereal. Tomó la única caja de cereal que había y dijo, "Usted sabe que a mí no me gusta esta clase de cereal. ¿No puede tener algo que a mí me guste?". Arrojó la caja de cereal sobre la mesa y salió sin comer. Más tarde, mi hijo Fred, que tenía doce años de edad en esa época y había sido testigo del rechazo de la Marca X, vino y me dijo suavemente en su manera melancólica, "Quiero pedir disculpas por Roberto, No se comportó bien contigo acerca del cereal, pero sé que nunca dirá que lo siente".

Fred tenía razón. Roberto nunca pidió disculpas y cuando se refirió al asunto lo llamó "el infortunado malentendido que tuvimos por el cereal". Los coléricos sencillamente no pueden hacerle frente a los hechos y decir , "Los siento mucho".

Subí a un avión en Palm Springs y un hombre colérico se sentó a mi lado. "Esos idiotas me hicieron pasar por las puertas de seguridad dos veces, cuando solamente salí a comprar una revista. Les dije que ya había pasado una vez y que no había necesidad de hacerlo nuevamente, pero de todas maneras me hicieron pasar". Estaba furioso, de manera que no me tomé la molestia de contradecirle. Es muy difícil aconsejar o razonar con los coléricos porque saben todo, siempre pueden echar la culpa sobre otros y pueden racionalizar cualquier falta de parte de ellos.

Solución 3: *Admita que tiene algunas faltas.* Como el colérico tiene el mayor potencial para ser un líder de grandes causas, es el que más tiene que ganar del estudio de los temperamentos. Y debería tomar una acción decisiva y decidir erradicar sus pecados de presunción e impaciencia.

Pero el colérico es su peor enemigo. Ha tatuado la palabra *fortaleza* en su brazo derecho y piensa que la palabra *debilidad* pertenece a los demás. Es precisamente este rechazo a ver cualquier posible falta en su temperamento que impide a los coléricos alcanzar las alturas que se han propuesto.

Shakespeare con frecuencia escribió del gran héroe desfigurado por un defecto trágico. En el colérico el trágico defecto es su inhabilidad para darse cuenta que tiene algunas. A él le interesa más estar en lo correcto que ser popular y cuando toma una posición es inflexible.

Recuerde

Si solamente el colérico abriera su mente para examinar sus debilidades y admitir que tiene algunas, podría llegar a ser la persona perfecta que piensa que es.

Y no se le olvide a usted, colérico:

Si confesamos nuestros pecados, El es fiel y justo para perdonar nuestros pecados y limpiarnos de toda maldad".

1 Juan 1:9

11

Motivemos al Flemático

Lo mismo que con los otros temperamentos, las características fuertes de los flemáticos tienen sus correspondientes debilidades. Los flemáticos tienen fortalezas poco notorias, de manera que las debilidades de este temperamento también son poco notorias. El colérico exhibe las partes fuertes de su carácter abiertamente, de manera que sus faltas son obvias, el flemático por su parte guarda lo mejor de su carácter lo mismo que lo peor bien escondido. Muchos flemáticos ni siquiera pueden imaginar que podrían ser ofensivos porque son muy quietos y amables. Es muy difícil comunicarse con ellos en un seminario porque generalmente ya están soñolientos cuando llega el momento de tratar el tema de ellos.

Un día estaba comprando sillas flemáticas, las que son suaves y discretas y hacen juego con cualquier decoración entonces de repente me vino al pensamiento, *La más grande fortaleza de los flemáticos es que no muestran abiertamente sus debilidades.* Los flemáticos no tienen estallidos de temperamento, tampoco se hunden en una depresión, ni hacen mucha bulla. Sencillamente el flemático no muestra entusiasmo, se preocupa quietamente y no puede tomar decisiones. Estas faltas son tan poco notorias que no se necesita corregirlas.

PROBLEMA: LOS FLEMATICOS NO SE EMOCIONAN

Solución: *Trate de entusiasmarse* Una de las debilidades que más molesta de un flemático es su inhabilidad para entusiasmarse acerca de alguna cosa. Una vez le pregunté a "Donaldo Fuerza Aérea" (uno de los amigos de Lauren) si alguna vez se había entusiasmado por algo y después de pensarlo por varios segundos, me contestó: "No puedo recordar ninguna cosa en mi vida por la que valía la pena entusiasmarse".

Aunque esta debilidad no es obvia ni una que salta a la vista, es extremadamente desanimador para alguien tener un compañero que no se entusiasma acerca de sus dinámicos planes. Uno entra muy animado y lleno de grandes planes para el fin de semana y el flemático dice, "No parece muy divertido. ¿Para qué ir? Prefiero quedarme en casa". Esto hace que los ánimos del compañero creativo se bajen y no interesa lo que suceda durante el fin de semana, uno de los dos no será feliz.

La mujer colérica siente atracción hacia un hombre flemático, porque tiene una apariencia tranquila e independiente que lo hace atractivo. El hombre colérico escoge a la mujer flemática porque tiene un espíritu suave y amable y necesita ser protegida del duro y cruel mundo.

Después del matrimonio los coléricos fijan sus metas y publican sus edictos, esperando un entusiasmo instantáneo. Cuando el flemático replica diciendo, "Igual me da," el colérico queda alicaído y trata de presentar ideas más dinámicas que demanden una respuesta. Muy poco sabe el colérico, que entre más grandiosos sean sus planes, lo más asustado y poco entusiasta será la respuesta de un flemático.

He pasado la mayor parte de mi vida tratando de hacer que mi madre se entusiasme con algunos de mis éxitos. Cuando escribí mi primer libro pensé, *Por fin he hecho algo que despertará su entusiasmo. Al fin y al cabo no todas las hijas escriben un libro. ¡A ella le gustará! Se lo he dedicado a ella. ¡Esta vez no puede fallar!*

Le entregué el libro y le mostré la dedicatoria. Y esperé que lo mirara y se llenara de alegría. Ni una reacción. Volteó la página y empezó a leer mientras yo observaba. Su expresión no cambió ni una vez durante los días que empleó para leerlo y cuando terminó, cerró el libro y miró por la ventana. Difícilmente podría esperar oír sus comentarios, pero no hizo ninguno. Finalmente dije a Lauren, "Pregúntale a tu abuela si le gustó mi libro". Así lo hizo y mi madre contestó: "Ciertamente es un buen libro".

Cuando los flemáticos descubren que pueden molestar a otros por su rechazo a entusiasmarse, usan esa habilidad como una forma tranquila de controlar y reír entre dientes de las travesuras que los demás cometemos tratando de animarlos. Un fin de semana al terminar un retiro donde había varias conferencis tas, el director preguntó a una dama flemática cuál era el orador que más le había gustado. Meditó por unos momentos y luego dijo: "Me llevará un tiempo saberlo".

A otra le preguntaron, "¿Vendrá otra vez?". La respuesta flemática fue: "Posiblemente y a lo mejor recomendaré a otros que asistan".

Una joven sanguínea compartió en un seminario, "Mi esposo es tan flemático que se queda dormido cuando estamos discutiendo".

Linda dijo: "Vivir con mi esposo es como ser el anfitrión de un programa de opinión. Viene a la casa y se sienta en silencio. Me inclino sobre él y digo: "¿Y cuál es su nombre, querido?". Si logro sacar una palabra de él tengo mucha suerte". Los flemáticos sencillamente no se excitan por nada.

Hacer que dos flemáticos contraigan matrimonio es la manera más segura para evitar problemas o mucho entusiasmo. Las parejas que he conocido de esta combinación van muy bien y mantienen un estable estilo de vida a la manera de los flemáticos, pero frecuentemente han expresado, "Francamente, nos aburrimos".

Una joven señora me dijo: "Hemos estado casados un año y ya no tenemos nada para decirnos". Otra dijo: "Todas las noches le pregunto: "¿Qué te gustaría hacer?". El me responde: "No me interesa, ¿qué quieres hacer tú?". "Como ninguno de los dos podemos decidir, al final no es mucho lo que hacemos".

Otra señora me contó: "Vamos bien el uno con el otro. Si le pido a él que cuelgue un cuadro; dice que sí y luego lo olvida. Soy tan flemática que no me interesa". Un hombre que al pasar escuchó este comentario agregó: "Nosotros colocamos los cuadros en el piso del comedor cuando entramos a la casa hace un año. Pensamos colgarlos algún día, pero eso nunca parece muy urgente".

El director de uno de nuestros seminarios que era un flemático dijo, "Mi esposa y yo somos flemáticos y todas las noches cuando regreso a la casa me pregunta, "¿Qué te gustaría comer hoy?" a lo que le contesto, "¿Qué hay para comer?". Ella dice. "No mucho. ¿Qué te parece alguna comida rápida del congelador?". Yo consiento y los dos vamos al congelador y nos paramos frente a la puerta abierta de éste tratando de decidir qué escoger".

Recuerde

Entusiásmese. Empiece haciéndolo una vez al mes y siga aumentándolo mes tras mes.

PROBLEMA: LOS FLEMATICOS SE RESISTEN A
                CAMBIAR.

Solución: *Ensaye algo nuevo.* Una noche el flemático esposo de Lee, vino a la casa y le dijo, "Vístase, quiero llevarla a alguna parte". Ella se entusiasmó y empezó a pensar qué vestido usar. Luego preguntó, "¿A dónde me vas a llevar?". Pedro, su marido, contestó: "Al supermercado a comprar cubos para la basura". Le pregunté cómo había reaccionado a semejante proposición y ella contestó, "Me vestí y fuimos. Esa fue la cosa más excitante que se le había ocurrido hacer en varios meses".

Desafortunadamente, incidentes como éste son la norma en la manera de ser de muchos flemáticos. No sienten la necesidad de entretenimiento y piensan que los demás tampoco. Vi una caricatura que muestra a un hombre flemático, acostado cerca a la cueva de un ratón. Sostenía un martillo en el aire, listo a aplastar al primer roedor que sacara la cabeza. Su esposa lo mira y dice suspirando: "Otra excitante tarde de sábado con Harry".

Un flemático me pidió consejo acerca de su aburrido matrimonio. Cuando le di algunas ideas, respondió: "Creo que es mejor hacer de cuenta que todo está bien, un cambio puede ser peor".

Recuerde

Trate de hacer algo nuevo a lo menos una vez a la semana. Su compañero merece un cambio,

PROBLEMA: LOS FLEMATICOS PARECEN PEREZOSOS

Solución 1:*Aprenda a aceptar responsabilidades para su vida.* El flemático en su estado más extremo es muy perezoso y tiene la esperanza que por aplazar las decisiones podrá evitar cualquier trabajo. Escogí una señora para que fuera la directora del Club de Damas y me preguntó: "¿Tendré que hacer algo?". A ella le gustó la idea de ser presidenta, siempre y cuando no tuviera que llevar a cabo ningún trabajo.

Jill tenía que trastear y la sola idea de hacerlo la tenía abismada. Le pidió a sus amigas que le ayudaran a empacar y durante tres meses hablaron del día en que vendrían a ayudarla. El día señalado, sus amigas coléricas llegaron listas a trabajar. Jill tenía puesto un vestido elegante y zapatos de tacón alto y daba la impresión que no tenía planes para hacer ningún trabajo pesado. A pesar que solamente faltaba un día en que vinieran los hombres para llevar el trasteo, Jill no tenía ni cajas, ni bolsas para colocar las cosas, no había empacado nada; los cuadros estaban todavía colgados en las paredes, el lavaplatos estaba lleno de loza sucia y había una gran cantidad de ropa para lavar.

Una amiga me dijo: "¡Ella estaba esperando que nosotras hiciéramos todo!".

Susie es una flemática típica. Es inteligente y de un sentido común poco usual, pero evita comprometerse en cualquier actividad que pueda hacer que ella esté encargada o que le demande alguna responsabilidad.

En nuestros seminarios, cuando llega el tiempo para dividirnos en grupos, los flemáticos nunca saben dónde ir y se vuelven hacia sus compañeros con una expresión de aturdimiento. El compañero (quien usualmente es un colérico) le dice cariñosamente, "¡Tú eres un flemático, tonto!" y él se va a buscar el lugar donde los flemáticos fueron a reunirse.

Un odontólogo flemático, al ser escogido para dirigir el grupo, sugirió: "¿Porqué no cerramos los ojos y meditamos hasta que se termine el tiempo?".

Otro hombre estuvo de acuerdo y dijo, "No se puede mejorar el silencio".

Solución 2. *No deje para mañana lo que puede hacer hoy.* El problema de dejar las cosas para mañana es algo notorio tanto en los melancólicos como en los flemáticos, aunque por diferentes razones. El melancólico no puede empezar nada hasta que tenga el equipo adecuado y hasta que esté convencido que puede hacer un trabajo perfecto; pero el flemático por su parte lo pospone porque secretamente no quiere hacerlo. Tiende a ser perezoso y al posponer un trabajo eso evita que tenga que hacer la decisión de empezar a trabajar. El flemático tiene el complejo del mañana: No hagas hoy lo que puedes dejar para mañana.

Hace poco las amigas de Lauren le ofrecieron una lluvia de regalos con motivo del nacimiento de su hijo, las flemáticas trajeron regalos que todavía no habían terminado de hacer. El primero fue un lindo vestido azul que se cerraba en la entrepierna con broches de presión, pero al examinarlo, encontramos alfileres en vez de broches de presión. Si el bebé hubiera juntado sus piernas, seguramente los alfileres le hubieran pinchado. El otro fue un unicornio bordado, pero el fondo no estaba terminado. Ambas expresaban sinceramente su deseo de terminar los regalos y ambas se fueron llevándolos con ellas.

Estas dos mujeres con sus regalos medio terminados hicieron más que la sanguínea a quien se le olvidó qué día era y nunca llegó

Solución 3: *Motívese usted mismo.* La mente de Sharon era semejante a un juego de billar. Las diferentes bolas de color solamente se mueven cuando alguien las empuja con un taco de billar y durante años las guardaba en una bolsa, colgando de la esquina de la mesa.

No era que Sharon no pudiera moverse; es que sencillamente le costaba trabajo hacerlo. Cuando tenía un motivo apropiado, ella, por decirlo así, podría sacar unas cuántas bolas de la bolsa y hacerlas rodar sobre la mesa verde, según la ocasión lo demandara. Cuando la presión terminaba, sencillamente podría hacer que las bolas regresaran a la bolsa y retraerse en sí misma, hasta que alguien exasperado volviera a coger las bolas de color, las tirara sobre la mesa y gritara, "*¡Muévase!*"

Esta sencilla parábola es típica de las flemáticas. No es que no *pueden* hacer el trabajo; es que sencillamente no *quieren* hacerlo. Una señora me dijo que a lo menos había cortado cuatro vestidos, pero le parecía demasiado trabajo tener que coserlos. "Si algún día necesito uno para algo especial, lo coseré".

Aunque los flemáticos necesitan la motivación directa de parte de otros, se resienten al ser empujados. Este problema tan contradictorio es un conflicto en muchos hogares donde los flemáticos evitan hacer las cosas necesarias; entonces el colérico le dice lo que tiene que hacer y él a su vez se resiente al ser empujado.

La cocina de Ruth tiene una ventana que mira hacia el occidente y todas las tardes el sol de California entra por la ventana, haciendo que su cocina sea demasiado caliente para trabajar. Le ha pedido a Howard que coloque una persiana, pero como él no es quien tiene que soportar el sol, no tiene ningún motivo para hacerlo. Por fin Ruth clavó una toalla playera que evita que el sol entre, pero al mismo tiempo los priva de una hermosa vista. Un día en una realización Ruth encontró un par de celosías exactamente al tamaño de su ventana. Las compró y las trajo a la casa. Pero inmediatamente surgió un problema: las celosías no estaban terminadas. Howard estaba más o menos entusiasmado con las celosías y aseguró a Ruth que les daría el terminado para que hicieran juego con el resto de los gabinetes de la cocina.

Eso fue hace cuatro años y las celosías todavía en diferentes estados de terminación están guardadas en el garaje. Cuando Ruth le pregunta acerca del progreso del trabajo, él se ofende y dice que "está trabajando en eso". La solución de Ruth es olvidar que alguna vez compró las celosías y sencillamente colgar toallas limpias cada vez que lo necesite.

Recuerde

Ustedes los flemáticos necesitan de un empujón si no pueden motivarse ustedes mismos y hacer lo que hay que hacer.

PROBLEMA: LOS FLEMATICOS TIENEN UNA TRANQUILA VOLUNTAD DE HIERRO.

Solución: *Aprenda a comunicar sus sentimientos:* Debido a que los flemáticos parece que van adonde la multitud los lleve, la gente se sorprende cuando encuentra en ellos una tranquila voluntad de hierro bajo esa plácida apariencia. Como un ejemplo de las situaciones vividas por muchas esposas coléricas, la situación es como esta: Carlota le dice a Charlie el lunes por la mañana, "Iremos a visitar a Sally el sábado por la noche".

Charlie que es un flemático típico responde, "Ummm".

Carlota que es colérica, entiende la respuesta que no es un "No" enfático ni un "sí," y asume que están de acuerdo acerca del sábado por la noche.

Cada día de la semana Carlota le recuerda a Charlie, "¡No te olvides! Tenemos que ir a la casa de Sally el sábado por la noche".

Charlie murmura otro "umm".

Por fin llega el sábado por la noche. Carlota se viste y Charlie se sienta en su silla reclinable vestido con una camiseta. Cuando parece que Charlie no está alistándose, Carlota le dice, "Apúrate y cambia tu ropa. Vamos a la casa de Sally".

Charlie dice la primera frase completa que ha pronunciada durante una semana. "No voy"

"Estuviste de acuerdo conmigo durante toda la semana que iríamos a visitar a Sally".

"Yo no estuve de acuerdo; sencillamente no estuve en desacuerdo". Y Charlie no va. Después que un flemático toma una decisión, nadie puede hacer que cambie su mente.

He descubierto debido a que he dado consejo a muchos flemáticos que parecen estar contentos en su matrimonio. Si les pregunto si tienen algunas quejas dicen, "No, todo está bien". La otra persona puede ser que sea histérica y que está amenazando con suicidarse y , sin embargo, el flemático no sabe cuál es el problema. El es inocente y no hablará del asunto. Puede ser que el matrimonio siga cojeando por varios años sin que haya verdadera comunicación, hasta que un día el flemático decide que ha tenido suficiente con esa mujer tonta y que va a abandonarla. No coloca el asunto en discusión; sencillamente empaca sus cosas y se va. Una vez que el flemático ha hecho una decisión, hay poca esperanza que cambie.

Un hombre presentó el asunto de esta manera: "Tomé veinte largos años para llegar a esta decisión y estoy seguro que ahora no voy a cambiar mi manera de pensar".

El problema básico de esta testarudez es que el flemático no tiene la voluntad de comunicar. Siendo que ese tipo de persona siempre toma la línea de menor esfuerzo y evita la controversia, lo más fácil para él es no decir nada acerca de sus sentimientos antes que exponerlos abiertamente y enfrentarse a un conflicto.

Estándose callado el flemático evita los problemas la mayoría del tiempo, pero debido a que esconde sus sentimientos y rehusa comunicarse, daña cualquier significado en su relación con otros.

Recuerde

Abrase para comunicarse con los demás antes que sea demasiado tarde. No esconda sus talentos.

PROBLEMA: LOS FLEMATICOS PARECEN INDECISOS.

Solución 1: *Practique tomando decisiones:* Una esposa colérica se para enfrente de su esposo flemático, con una jarra de agua caliente en la mano y le pregunta rápidamente: "¿Quieres café o té?". El flemático responde automáticamente: "No interesa". ¡El flemático piensa que está comportándose agradablemente y se sorprende que su esposa le haya echado el agua hirviendo sobre la cabeza!

"Solamente quería hacer las cosas más fáciles para ella".

Durante un vuelo, la asafata del avión anunció que había tres diferentes platos de entrada para el almuerzo. "Pueden escoger pescado, carne en pimienta o lasaña. No tenemos suficien te para servir a todos de lo mismo, por favor les ruego pensar en una segunda opción en caso que la primera se agote".

Inmediatamente se dirigió al flemático que estaba sentado junto a mí y le preguntó: "¿Qué le gustaría comer?", a lo cual el hombre respondió: "Cualquier cosa que le haya sobrado". La asafata siendo una colérica dijo: "Todavía no hay nada que me sobre, usted es la primera persona que estoy atendiendo". Se quedó parada frente a él esperado que tomará una decisión. Tomé la palabra y dije: "Yo comeré pescado". El hombre miró hacia arriba y dijo: "Creo que tomaré lo mismo".

El problema que tiene un flemático en llegar a una decisión no consiste en que sea incompetente, sino en que ha hecho la gran decisión de no hacer ninguna decisión. Después de todo, si usted no toma una decisión tampoco será responsable de los resultados.

El flemático debe practicar tomando decisiones y teniendo la voluntad de aceptar responsabilidades. Los amigos, los compañeros de trabajo y los socios de los flemáticos realmente se sentirán contentos cuando vean que éstos son decisivos y firmes en sus decisiones. Es tiempo que usted, flemático, le diga adiós al indeciso.

Solución 2: *Aprenda a decir no:* Los flemáticos no quieren herir a nadie y son capaces de comprar lo que no desean con tal de no tener que decir no. Un colérico me dijo: "Entre las fortalezas de los flemáticos se encuentran su amabilidad y su buena voluntad para ayudar. Para ellos no hay extraños. Mi caprichoso esposo, durante años ha traído a casa como si fueran viejos amigos, a vendedores de bombillas eléctricas, vendedores de aspiradoras, de revistas y muchos otros, a quienes mi colérico temperamento ve sospechosamente. Un flemático sencillamente no puede decir ¡No! ¡no! ¡no!".

Aunque los flemáticos no se entusiasman con el concepto de los temperamentos, aprenden y empiezan a aplicar esos conocimientos gradualmente. Siendo que tienen las debilidades menos ofensivas, pueden cambiar hacia lo mejor rápidamente, si sienten que deben hacerlo. Si se motiva a un flemático de la manera apropiada, puede ser que éste se entusiasme de algunas cosas cada semana y esto realmente agradará a los que viven y trabajan con el. Puesto que es capaz de tomar decisiones, pero ha decidido no hacerlo, fácilmente puede llegar a ser una persona decisiva y abandonar la imagen de indeciso, cuando se de cuenta de lo mucho que esto puede ayudarle en sus relaciones interpersonales.

Recuerde

Aprenda a decir no y practique tomando decisiones. Empiece por escoger entre dos opciones si le parece que decidir entre treinta es demasiado a la vez.

Cuando tenga temor de tomar una decisión recuerde que hay Uno que puede ayudarle.

Porque Jehová da la sabiduría....entonces entenderás justicia, juicio y equidad.

Proverbios 2:6,9

Parte IV

LOS PRINCIPIOS DE LA PERSONALIDAD

Unas Pautas para Mejorar sus
Relaciones con Otros

12

Cada Persona es Una
Combinación Unica

De acuerdo con el puntaje que obtuvo en su perfil de personalidad se habrá dado cuenta que usted es una persona única. Seguramente ninguno tiene la misma combinación de fortalezas y debilidades que usted tiene. La mayoría de las personas tienen altos puntajes en un temperamento y a la vez un puntaje secundario en otro temperamento y algunas características de los otros dos temperamentos. Algunas personas tienen una distribución pareja y usualmente pertenecen al temperamento flemático porque son el tipo de personas que sirven para todo propósito y también los que tienen más dificultad en decidir sus rasgos temperamentales.

A continuación veamos algunas de las posibles combinaciones de temperamento.

Combinaciones naturales Como puede ver en la gráfica, la combinación de sanguíneo/colérico es muy natural. Ambos son extrovertidos, optimistas y hablan ruidosamente. El sanguíneo habla por placer, el colérico lo hace en plan de negocios, pero ambos tipos de personas hablan demasiado. Si tiene esta combinación, tiene grandes potenciales para liderazgo. Si combina sus dos fortalezas, entonces usted es una persona que puede dirigir a otros y hacer que disfruten del trabajo; una persona que

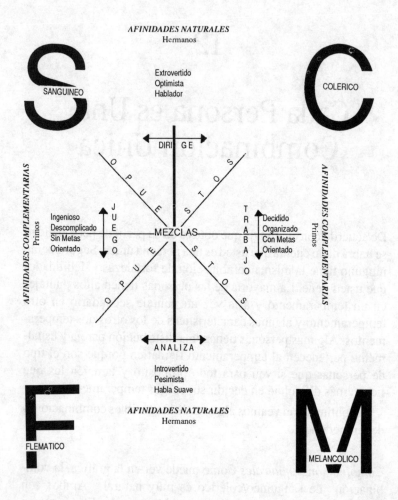

AFINIDADES NATURALES
Hermanos

S SANGUINEO

C COLERICO

Extrovertido
Optimista
Hablador

DIRIGE

OPUESTOS

JUEGO

MEZCLAS

TRABAJO

OPUESTOS

AFINIDADES COMPLEMENTARIAS
Primos

Ingenioso
Descomplicado
Sin Metas
Orientado

Decidido
Organizado
Con Metas
Orientado

AFINIDADES COMPLEMENTARIAS
Primos

ANALIZA

Introvertido
Pesimista
Habla Suave

AFINIDADES NATURALES
Hermanos

F FLEMATICO

M MELANCOLICO

le gusta divertirse y, sin embargo, lograr sus metas; una persona con empuje y determinación, pero que no es compulsiva en cuanto a alcanzar esas metas. Esta combinación toma los extremos, trabajo y diversión y produce una persona quien los coloca en la perspectiva correcta. Pero mirándolo desde el punto negativo esta combinación podría producir un individuo prepotente que no sabe qué está hablando; puede llegar a producir una persona impulsiva que corre en círculos; o una alma impaciente que siempre está interrumpiendo y monopolizando la conversación.

La otra combinación natural es la melancólica/flemática. Ambos son introvertidos, pesimistas y de voz baja. Son más serios y miran las situaciones con detenimiento y no quieren ser puestos en el centro del escenario. Ese tipo de personas siguen el consejo de Teddy Roosevelt, "Hable con palabras suaves y lleve un garrote". El flemático ilumina las profundidades del melancólico y el melancólico anima la flojera del flemático. Esta combinación produce grandes educadores ya que el amor del melancólico por el estudio y la investigación es humanizado por la habilidad del flemático para llevarse bien con las personas y presentar sus lecciones de una manera agradable. Puede ser que a la hora de tomar decisiones tengan problemas ya que ambos tipos de personas son lentos en esta área y tienden a aplazar las decisiones. La mejor combinación es que la serenidad del flemático evita que el melancólico caiga en la depresión y el deseo del melancólico por la perfección, hace que el flemático se motive hacia la acción.

El sanguíneo/colérico y el melancólico/flemático son combinaciones naturales. Ambos son hermanos de sangre.

Combinaciones complementarias. El temperamento colérico/melancólico es una combinación Complementaria, una combinación en la que ambos encajan y suplen las faltas de cada uno. El colérico/melancólico es la mejor persona para los negocios porque la combinación del liderazgo del colérico, su empuje y sus metas con la mente analítica del melancólico, su tendencia perfeccionista y su disposición a seguir un programa es algo casi invencible. Nada está más allá del alcance de esta combinación y tendrán éxito no interesa cuánto tiempo se demoren en lograrlo. Si ese tipo de personas deciden pulir a su compañero, insistirán hasta que obtengan un producto perfecto.

Una querida señora llamada Louise estaba confundida acerca de su temperamento y cuando le pregunté cómo era ella en la universidad su cara cambió completamente. Pasó de ser una persona reservada a una persona radiante y me dijo que como había sido porrista y como sus compañeros la eligieron como la estudiante con más probabilidades de triunfar. Se dio cuenta que había empezado a cambiar bajo la influencia de su novio, con quien más tarde se había casado. El siendo un colérico/melancólico, había decidido perfeccionarla. Cuando ella le escribía cartas mientras él terminaba sus estudios de posgrado, subrayaba en rojo las palabras mal escritas y le enviaba la carta de regreso para que la estudiara. Cuando venía a visitarla a la casa, le hacía un examen de ortografía para ver si había aprendido a escribir las palabras correctamente. Con buenas intenciones y con perseverancia interminable, había convertido una porrista burbujeante en una actriz seria y majestuosa que no sabía con seguridad quién era.

Debido a esta combinación de temperamentos, esas personas son decisivas, organizadas y orientadas hacia las metas, tienen el mayor empuje y determinación y pueden permanecer fieles a una causa para siempre. Dirigidos en sentido positivo, los coléricos/melancólicos son las personas que tienen más éxito, pero si son llevados a los extremos, aun sus fortalezas llegan a ser dominantes.

La otra combinación complementaria es la sanguínea/flemática. Mientras que el colérico/melancólico es orientado hacia el trabajo, el sanguíneo/flemático se inclina hacia las cosas fáciles y hacia el placer. La combinación de esta doble porción de buen humor con una naturaleza inclinada hacia las cosas fáciles hacen de los sanguíneos/flemáticos los mejores amigos posibles. Su naturaleza cálida y relajada atrae a las personas y éstas les gusta estar con ellos. El temperamento flemático apacigua los altibajos del sanguíneo, mientras que la personalidad sanguínea le da color al flemático. Esta combinación es la mejor de todas en el trato con otras personas. Son los mejores para trabajar con personas, en ser padres y líderes cívicos, porque tienen un humor atractivo y la personalidad del sanguíneo y la estabilidad del flemático. Desafortunadamente, la parte negativa de los sanguíneos/flemáticos los muestra como perezosos, sin intenciones de hacer algo que pueden evitar. Como en todas las combinaciones de temperamento hay excitantes fortalezas con sus debilidades correspondientes.

Opuestos: Hemos visto las combinaciones naturales (hermanos de sangre) y las combinaciones complementarias (primos cercanos). A continuación veremos las combinaciones menos frecuentes, los opuestos. Obviamente la combinación de sanguíneo/melancólico y la colérico/flemático pueden causar muchos conflictos en una persona-como son las naturalezas introvertidas y extrovertidas con sus aspectos optimistas/pesimistas. El sanguíneo/melancólico es el más emocional de los dos, que trata de acomodar en sí mismo los pequeños altibajos de los sanguíneos con los profundos y más prolongados traumas de los melancólicos. A una persona que no entiende los modelos del temperamento, esa división en la personalidad le puede conducir a problemas emocionales. La naturaleza sanguínea dice, "Vayamos a divertirnos," y por el camino, la naturaleza melancólica lo cohibe de seguir.

Una señora con este tipo de personalidad me contó acerca de la fiesta que había planeado para celebrar el aniversario de sus padres. La parte sanguínea de ella pensó en grandes ideas incluyendo invitaciones elegantes, una cena en un restaurante y una orquesta. Dos días antes de la fecha indicada, la parte melancólica de ella tomó control y dijo, "¿Porqué se metió en tantos preparativos para esta fiesta? Cancélela ahora mismo". Canceló la fiesta y luego duró deprimida durante semanas porque sintió que había defraudado a sus padres.

Esa combinación de temperamentos es la más difícil de manejar, pero conocer acerca de los temperamentos puede ayudar. He dado consejo a muchas personas de este temperamento quienes dicen haber descansado al entender sus amplias variaciones emocionales y comprender que no eran inestables. Como una forma de vida, es importante para estas personas proponerse moderar las ideas locas del sanguíneo y ensanchar la confianza en sí mismo del melancólico, de tal manera que se puedan balancear.

Trabajar o no trabajar. Mientras que las naturalezas opuestas del colérico/flemático no tienen las mismas características emocionales, sí tiene el gran conflicto de "trabajar o no trabajar". La parte flemática quiere tomar las cosas con calma, mientras que la parte colérica se siente culpable cuando no está produciendo. Este asunto usualmente se resuelve por sí mismo dividiendo la vida en dos segmentos, trabajando duro en el empleo y relajándose en la casa.

No todas las personas que funcionan de esta manera pertenecen a la combinación colérico/flemático. Muchas veces un colérico se entregará completamente en su trabajo y luego estar tan exhausto que ni siquiera puede levantar un dedo en la casa, o puede ser que siente que el hogar no es lo suficiente importante como para que merezca sus esfuerzos. Un flemático puede trabajar diligentemente en su empleo, donde pueda ser catalogado como un colérico debido a que está tan motivado y luego puede relajarse totalmente al final del día.

Si a usted le parece que se encuentra en esta categoría pregúntese si pertenece a esta rara combinación, o si por el contrario podría ser que es un colérico, desempeñando un papel moderado en la casa, o un flemático realmente motivado a trabajar.

Al mirar estas combinaciones de temperamento en estos individuos, nos damos cuenta que las fortalezas y las debilidades de una persona son las mismas que se manifiestan en el matrimonio cuando dos personas con temperamentos opuestos se casan. A menos que la pareja entienda sus temperamentos, se van a encontrar con grandes sorpresas después de la boda.

. . .Estoy maravillado y mi alma lo sabe muy bien . . .

Salmo 139:14

13

No Nos Gusta que Nos Limiten

Cuando enseño el concepto de los temperamentos en los seminarios de *Personalidad enriquecida*, algunas personas me preguntan, "¿está tratando de empacarnos en pequeñas cajas?" He pensado mucho acerca de estas preguntas y he llegado a la conclusión que ya estamos empacados en nuestras pequeñas cajas. Al pasar por cualquier experiencia en la vida, la enfrentamos con la estructura que ya tenemos; solamente hacemos lo que nos parece confortable. Por ejemplo, no trepamos las paredes para echar una mirada furtiva por las grietas antes de abrir el portón.

Cajas desde el principio. Cuando nacemos, instantáneamente se nos coloca en una pequeña caja. Nos encierran en nuestro pequeño espacio y nos acercan a una ventana donde nuestros familiares pueden mirarnos en nuestras cajas y tener una vista de lo indefensos que somos. Luego nos envuelven en una pequeña cobija para llevarnos a la casa y colocarnos en una nueva caja, una cuna con barrotes alrededor para que estemos protegidos. Cuando nos llevan afuera nos colocan en una canasta o nos amarran en un asiento para niños, aún en el supermercado nos colocan dentro de uno de los carritos para nuestra seguridad. Al crecer nos colocan en cajas cada vez más grandes, nos meten en un corralito que nos mantiene en nuestro lugar y más tarde nos permiten caminar libremente por nuestro cuarto con una reja de madera en la puerta de entrada. A medida que somos más curiosos se nos da la libertad de permanecer en el patio rodeado de una valla. Más tarde descubrimos que en la escuela cada clase tiene un salón y permanecemos en él por un año, encerrados y protegidos bajo las vigilancia de una profesora.

Todos crecemos en cajas y aun a medida que nuestro mundo se ensancha, llevamos con nosotros nuestras vallas. Cuando compartí por primera vez un cuarto en la universidad con otra compañera, nosotras, por decirlo así, fuimos colocadas en una caja, pero después de unos pocos días habíamos levantado una pared invisible entre las dos. No fue posible que estuviéramos de acuerdo en cuanto a los sobrecamas, afiches, o la manera de mantener el cuarto limpio, de manera que pusimos una cinta de enmascarar sobre las baldosas del piso y tomamos posesión cada una de la mitad del cuarto.

Nos dimos la espalda la una a la otra y creamos nuestra propia caja donde cada una nos sentíamos segura.

El concepto de los temperamentos no trata de aprisionarnos y fraguar nuestros pies en cemento para evitar que nos movamos, pero lo que sí hace es ayudarnos para que veamos el tipo de caja en la cual estamos y cómo movernos dentro de ella de la mejor manera. Al darnos cuenta de la manera en que estamos aprisionados por nuestras debilidades básicas, podemos darnos a la tarea de abrir la puerta de nuestra prisión y atrevernos a pasar sobre la valla y entrar al patio vecino. Cuando entendemos nuestras diferencias, somos más tolerantes con las personas que quieren vivir en un estilo contrario al nuestro.

Cuando nos casamos. Cuando pensamos de cuántos años de nuestra vida hemos usado en construir nuestra caja y de decorarla con nuestros propios trofeos, no es de sorprendernos que cuando nos casamos con alguien que vive en una caja diferente, no nos llevemos bien automáticamente.

Llegamos al matrimonio procedentes de diferentes espacios y aun en la luna de miel tratamos de imaginarnos qué tan pronto nuestro compañero será capaz de ajustarse a nuestra estructura. Podemos dormir en la misma cama y sin embargo mantener paredes a nuestro alrededor.

Una joven señora a quien di consejo me contó su historia. Silvia era una melancólica elegante. Todo en ella era perfecto: su cabello, su maquillaje, sus uñas. Ella se desempeñaba como auxiliar de vuelo y había llegado a conocer su encantador esposo, Bud, en un vuelo a través del país. Ella se enamoró locamente de él debido a su personalidad sanguínea y sus poderes persuasivos; después de unos pocos meses estaban casados. Como ella tenía un apartamento amoblado y recién decorado en la Costa Oeste, le pareció lo más razonable que ese fuera su hogar. Bud estuvo de acuerdo, pues vivía con otros tres hombres y no tenía muchos muebles.

El primer día en que Silvia iba a regresar al trabajo después de la luna de miel, su esposo le explicó que iba a ir a su apartamento a recoger unas pocas cosas. Esa noche al entrar en el apartamento Silvia no pudo creer lo que estaba viendo. Bud se había mudado con "unas pocas cosas". Allí habían afiches de esquí colocados al lado de sus copias de Picasso; también estaba un horroroso cojín grande que parecía un elefante muerto, colocado al lado de su sofá estilo Reina Ana; y sobre la mesa de la cocina había un aviso de neón titilando que anunciaba los beneficios de la cerveza Budweiser.

Silvia amaba lo varonil en Bud, pero no sabía que él traería su caja con él.

El entender nuestro temperamento básico no quiere decir que eso nos aprisionará. Cuando entendemos nuestro temperamento esto abre una puerta en la valla que nos protege; hace que nos aceptemos a nosotros mismos y a otros de una manera realista y nos muestra cómo anticiparnos a los problemas y manejarlos antes que estos tomen control de la situación. Piensen de cuantos dolores de cabeza nos hubiéramos evitado si hubiéramos tratado con las cosas insignificantes antes que hubieran llegado a ser una crisis. Entender nuestros temperamentos y él de los demás nos da la habilidad para manejar situaciones *futuras* como si lo estuviéramos haciendo de una manera retrospectiva. Cuando entendemos el temperamento de una persona, podemos anticipar sus reacciones en diferentes situaciones y tener las herramientas a mano para reparar los daños antes que estos empiecen.

Admita sus Debilidades. El primer paso en cualquier tipo de auto-desarrollo es encontrar sus áreas débiles y admitir que existen. Rehusar, examinar nuestras faltas evita que hagamos cualquier cosa positiva con ellas. Es un acto de humildad admitir que hemos estado haciendo cosas incorrectas durante años, pero es el primer paso que damos en el camino de la madurez. Las personas inmaduras le echan la culpa a sus padres, a sus compañeros, a sus hijos, a sus amigos, a las circunstancias, por no haber llegado a ser lo que esperaban. Una persona madura se examina a sí mismo, descubre sus faltas, e inmediatamente empieza a buscar la manera de superarlas.

En las reuniones de Alcohólicos anónimos, cada persona tiene que colocarse de pie, dar su nombre de pila y decir, "Soy un alcohólico". A menos que una persona admita verbalmente su problema, no puede curarse. No podemos superar algo que no aceptemos como un problema. Si hubiera algo como personalidades anónimas, tendríamos que ponernos de pie y decir:

Soy un amable sanguíneo pero
soy un hablador compulsivo.
Soy un melancólico sensible pero
me deprimo fácilmente.
Soy un colérico dinámico pero
soy mandón e impaciente.
Soy un tranquilo flemático pero
no tengo entusiasmo.

Desde el momento en que admitimos un problema, empezamos a caminar en la dirección correcta.

Hagamos un plan personal. Ahora que entiende los cuatro temperamentos básicos y ha encontrado su combinación personal, usted está listo para tomar los pasos necesarios para acentuar los aspectos positivos de su temperamento y eliminar los negativos. Echele una mirada al perfil de su personalidad.

Evalúe sus Fortalezas." Tanto los sanguíneos como los coléricos rápidamente ven sus fortalezas y se identifican con ellas inmediatamente, pero con frecuencia los melancólicos y los flemáticos, a causa de su naturaleza pesimista, tienen que pensar durante un rato antes de aceptar sus cualidades positivas. Cualquiera que sea su temperamento, mire el perfil de su personalidad de una manera realista y decida cuáles son las tres fortalezas que usted piensa son las más importantes en sus relaciones con otros.

_____

_____

(Si está haciendo este estudio con su familia o con un grupo de personas, haga que este sea un tiempo en que se discuten las fortalezas de cada persona y anímense unos a otros con cumplidos sinceros).

Mientras hace inventario de las partes positivas de su temperamento, dele gracias a Dios por las habilidades que le ha dado y acéptelas. Aquellos que tienden a criticarse a sí mismos y decir, "No hay ninguna cosa buena en mí," deben cambiar esta actitud inmediatamente. *Sí* hay algo bueno en usted. Su así llamada falsa humildad no es atractiva y obliga a otros a animarle constantemente. Esta necesidad hace que otros se cansen y tiende a que otros le eviten y se convierte en una muleta innecesaria para los que tienen una baja imagen de sí mismo. No es necesario que usted se sienta un inútil. Ha recibido tantas fortalezas como debilidades. Dios lo ha hecho "un poco menor que los ángeles," y no es Su propósito que usted malgaste el tiempo en humillarse a sí mismo.

Mire las tres fortalezas que ha escogido. Dele gracias a Dios por ellas y nunca olvide que usted es una persona valiosa. ¿Está usando estas habilidades en toda su extensión? Cuando enseño en los seminarios de *Enriquezca su personalidad* y cada persona hace una lista de sus talentos, los participantes siempre se sorprenden de las fuentes de fortaleza que no están usando. Tantas habilidades y talentos desconocidos sin ser explotados.

Evalúe sus debilidades. Así como los melancólicos y los flemáticos pueden tener dificultades en aceptar sus fortalezas, los sanguíneos y coléricos tienen dificultad en aceptar sus debilidades. Una de sus más grandes faltas es que sienten que no tienen ninguna. Cualquiera que sea su modelo de temperamento, piense seria y honestamente acerca de sus debilidades y luego escriba las tres en las cuales usted necesitara mejorarse.

_____

_____

_____

Si realmente está deseoso de tener una personalidad más agradable, esté dispuesto a pedir ayuda de otros.

Busque la opinión de otros. Atrévase a preguntar, "¿Si yo fuera a tratar de mejorar un área de mi personalidad, cuál le parece a usted es el área en que debo empezar?" Luego haga lo que le es más difícil de hacer. ¡*Escuche!*

Cuando le den su opinión no les diga que están locos. No se coloque a la defensiva y diga, "Bueno, usted es peor que yo". No interesa lo que la persona diga, dele gracias y piénselo. Con frecuencia unas personas me dan consejos que no he solicitado y me entregan notas de crítica constructiva en *amor cristiano*. Aunque nunca me entusiasman mucho semejantes sugerencias, he aprendido a meditarlas, retener lo que puede haber de verdad y cambiar lo que puedo y dejar el resto. Siempre hay un elemento básico de verdad en el menos positivo de los comentarios y maduramos cuando aceptamos lo que parece ser una crítica con dignidad y agradecimiento.

Hágase un plan de los pasos a seguir para su mejoramiento personal. Mientras piensa en los tres puntos débiles de su personalidad que ha escogido con el propósito de trabajar en ellos, haga una lista de lo que actualmente podría hacer para cambiar en esas áreas.

_____

_____

Admitir que tiene esas debilidades es el primer paso, pero eso no es suficiente.

¿Qué puede hacer para mejorar sus relaciones con otras personas? Los sanguíneos a lo mejor tengan que moderar su lengua, hasta que puedan aprender a hablar la mitad de lo que usualmente hacen. Los melancólicos pueden dejar de hacerlo cada vez que se escuchen a sí mismos diciendo cosas negativas y los coléricos críticos se pueden obligar a sí mismos a escuchar la opinión de los demás. Los flemáticos pueden fingir entusiasmo hasta que esto llegue a ser algo natural en ellos. Los cambios duelen, pero sin ellos no podemos mejorar.

Pida ayuda de su familia. No hay cosa más atractiva que un espíritu con el ánimo de aprender - ese es el que pide corrección y la acepta con agradecimiento. He tenido la oportunidad de entrenar a Marita para que sea una conferencista y me ha animado en gran manera su voluntad para aprender de mí y al mismo tiempo el hecho que cuando hago sugerencias no se coloque a la defensiva. Puedo hacerle sugerencias y ella me dará las gracias y las pondrá en práctica. Un espíritu inclinado al aprendizaje es un raro, pero a la vez un hermoso atributo.

Si tiene este espíritu, el paso de pedir corrección de su familia será fácil de tomar; si no, usted debe pedir que Dios le dé el espíritu correcto antes de pedir ayuda de otros. Dese cuenta que su familia a lo mejor no le toma en serio al principio. Si siente algún escepticismo por parte de su familia, es probable que ellos no crean que está hablando en serio. A lo mejor, en el pasado usted ha levantado barreras entre usted y los demás y por eso no se atreven a ser honestos.

Si el aspecto predominante de su temperamento es el del sanguíneo, su familia sabe que tiene poca resolución de persistir en alguna acción tendiente a corregir su temperamento que dure más de un día. A usted solamente le gusta oír las cosas buenas y huir de los problemas cuando se trata de críticas. Su familia sabe que realmente usted no quiere hacer algo respecto a sus faltas y puede ser que diga: "Estás bien tal como eres". Si usted es un típico sanguíneo dirá: "¡Ah, que bueno! Entonces no tengo que cambiar". Tendrá que mostrar una real dedicación hacia su mejoramiento para que ellos le crean.

Si acaso usted es un melancólico, ha venido manipulando su familia con su manera de ser por tanto tiempo que no se atreverá a decirle nada negativo por temor de sumirlo en una depresión. Preferiría soportar sus defectos que arriesgarse a decirle acerca de ellos que tener que ver el dolor pintado en su cara y su expresión triste. Para conseguir la cooperación de ellos, tendrá que sonreír en circunstancias adversas y cantar bajo la lluvia.

Si usted es un colérico, probablemente ha controlado la familia con mano de hierro y nadie se atreverá a disputar por temor a sus estallidos de ira. A lo mejor tendrá que empezar su pregunta diciendo, "Les prometo que no me voy a disgustar si me dan una opinión honesta. Es que realmente quiero mejorar". (¡Pon cuidado a la mirada de incredulidad que aparecerá en sus ojos!)

Si es un flemático, tendrá dificultad en escoger en qué debilidades trabajar. Y a lo mejor pondrá toda la lista delante del grupo y dejará que ellos escojan por usted. A lo mejor no tomen tan en serio este proyecto porque en el pasado usted se ha pospuesto muchas cosas que han resultado en nada. Tiene que mostrarse decisivo y determinado en el momento de solicitar cooperación.

Anime a los demás para que le den sus opiniones honestas. Cuando cualquiera de nosotros toma tiempo de pensar acerca de nuestras conversaciones con otras personas, nos damos cuenta de lo poco que animamos a los demás para que expresen honestamente sus opiniones. Levantamos paredes alrededor de nosotros y los demás aprenden qué tanto pueden atreverse a acercarse a nuestras cercas y desarrollan una relación totalmente insincera con nosotros. ¿Tiene su familia que consentirle para mantener paz en el hogar? ¿Las personas que trabajan con usted saben qué tan cerca pueden estar a usted antes que se disguste? Si las personas tienen que manejarle con guantes de seda, tal vez es tiempo que sea honesto con ellos y les permita que a su vez sean honestos con usted.

Muchas parejas nos han dicho que cuando se han sentado para estudiar las listas juntos, han llegado a tener la primera discusión significativa en muchos años. Una mujer dijo, "Siempre estábamos en una actitud defensiva el uno con el otro cuando tratábamos de enfrentar el problema, de manera que ambos vivíamos tras una fachada. Cuando nos sentamos y discutimos la lista de las partes fuertes y débiles de nuestros temperamentos, esa fue la primera ocasión en que pusimos en palabras nuestras faltas. Era como si la página impresa estuviera hablando y no nos disgustamos el uno con el otro. La herramienta de los temperamentos ha cambiado nuestra habilidad para que nos comuniquemos abierta y francamente".

Algunas personas han levantado paredes tan altas a su alrededor que nadie puede llegar a conocerlos en realidad. Y ésta es precisamente su razón para hacerlo. ("Si usted llegara a conocerme como realmente soy, no se interesaría por mí"). Despojémonos de nuestras máscaras y atrevámonos a cambiar. No es necesario que nuestros fracasos del pasado nos encierren; es necesario que demos el primer paso hacia un futuro lleno de buenas perspectivas.

Amar la disciplina es amar el saber; odiar la represión es ser ignorante.

Proverbios 12:1   Dios Habla Hoy.

14

Los Temperamentos
Opuestos se Atraen entre Sí

Todos hemos escuchado la frase, los polos opuestos se atraen. Fred y yo somos un ejemplo perfecto de esta aseveración y durante los años que hemos estado trabajando con los temperamentos, raras veces hemos encontrado parejas del mismo temperamento casadas entre sí. Cuando miramos a las fortalezas del temperamento de las personas, es una gran cosa en favor de las parejas que sean de temperamentos opuestos. Por ejemplo: Como los sanguíneos son de corazón alegre, animarán a los melancólicos. Teniendo en cuenta que los melancólicos son organizados, estos harán que los sanguíneos empiecen a ser más ordenados.

Las relaciones de los sanguíneos/melancólicos. Antes del matrimonio todos tendemos a mirar las cualidades buenas de nuestra pareja. Pensamos que las pocas debilidades que salen a la superficie desaparecerán cuando esa persona tenga la oportunidad de vivir con alguien que le inspire de la manera como lo haremos nosotros. Tanto Fred como yo sabemos que esta transformación automática no ocurre con frecuencia.

La primera vez que nos conocimos, Fred se sintió atraído por mi personalidad sanguínea. Como a él no le gusta la charla de las reuniones sociales, sentía que si se casaba conmigo yo estaría encargada de charlar por él – ¡y yo lo hacía! Por mi parte pude ver la profundidad melancólica de Fred y su. Supe que él podría fortalecer mi vida y hacer que me organizara – ¡y lo hizo!

Nos sentimos atraídos por las fortalezas de nuestro temperamento que podíamos ver en cada uno de nosotros, y aunque no nos dimos cuenta de eso en ese momento, lo que en realidad estábamos haciendo era buscar lo que faltaba en nuestras propias personalidades. Como todas las parejas pensábamos que éramos dos personas perfectas, encaminándonos a lo que pensábamos automáticamente sería un matrimonio perfecto, nunca consideramos la posibilidad de tener problemas, sin embargo esos pensamientos llenos de esperanza más tarde probaron estar fuera de la realidad.

Permítame que examinemos un área en la cual se nos presentó un conflicto inmediatamente: la organización de nuestro tiempo. Antes de casarnos, era capaz de enseñar cinco diferentes cursos en la escuela secundaria cada día y a la vez dirigir todas la actividades del departamento de drama sin que ni siquiera Fred estuviera en mi vida. Sentía que era una persona organizada, pero un minuto después de llegar a las Bermudas en nuestra luna de miel, Fred empezó a hacer un programa escrito del uso de nuestro tiempo para que no malgastásemos nuestras vacaciones en sencillamente relajarnos. Decidió que visitar todos los fuertes antiguos sería algo productivo y después de leer varios folletos acerca de la historia de la isla, se sentó a escribir nuestro itinerario.

Para cubrir la ruta eficientemente, alquiló motocicletas para ambos. Mientras que él leía las instrucciones que nos entregaron con las motocicletas yo puse a funcionar la mía, sin saber como pararla y fui a estrellarme contra una pared de piedra que se interpuso en mi camino. El dueño vino gritando cuando me vio a mí en el suelo y la rueda delantera de su motocicleta doblaba a la par de la trasera. Fred se sintió humillado que lo vieran en compañía de alguien tan tonto que fue capaz de empezar a hacer algo sin tener un plan. En seguida empezó a darme una conferencia que empezó con una frase que llegué a odiar: "Todo el mundo sabe que. . .". Después de hacerme sentir estúpida debido a mi impulsivo viaje contra la pared, pagó por los daños y me ayudó a montar en una nueva motocicleta, en la que tuve que sentarme quieta mientras que él pasaba lista a las partes de la motocicleta en términos tan sencillos que aun un niño de primer grado los entendería.

Como consecuencia de este incidente aprendí lo siguiente:

> Fred era una persona inteligente
> – Yo era tonta.
>
> Fred era fuerte – Yo era débil.
>
> Fred tenía razón – Yo estaba equivocada.

No me gustó ninguna de estas conclusiones, pero durante quince años constantemente las circunstancias me recordaron la validez de éstas, hasta que aprendimos acerca de los temperamentos. Entonces cada uno de nosotros descubrimos que el hecho que la otra persona sea diferente no significa que está equivocada.

Las personas quieren compañía cuando se sienten miserables. Durante nuestro viaje de regreso desde las Bermudas en el barco *Ocean Monarch,* Fred se mareó antes de salir de la bahía. Se fue a su cama y empezó a gemir. "Quisiera estar muerto". Nunca me había gustado estar cerca a personas enfermas, de manera que abandoné toda la escena del mareo. Ninguno de los dos sabíamos nada acerca de los temperamentos en ese tiempo. Fred se sintió aplastado porque no me quedé en el camarote, para colocarle compresas frías en la frente y mostrarle conmiseración. A los melancólicos les encanta las muestras de compasión y tienen la voluntad para acompañar a los enfermos y presumen que cualquier persona decente se dedicará a atender a los enfermos.

Por mi parte sentía que Fred estaba arruinando mi buen rato en el Barco del Amor y después de unas pocas palabras tratando de animarlo (especialmente para callar mi conciencia), salí con la intención de divertirme. Fred no se dio cuenta que los sanguíneos odian la enfermedad y que evitan cualquier situación desagradable y que por el contrario van en busca de acción y diversión.

¿Programa? ¿Cuál Programa? Una semana después de haber

regresado de nuestra luna de miel, fuimos a un cine y cuando salíamos sugerí, "¿Por qué no vamos a la heladería y compramos un cono?". Pensé que se me había ocurrido una gran idea, pero Fred contestó, "Eso no está en mi programa".

"¿Qué no está en tu programa?".

"Comprar un cono de helado. Si tú quieres comer un cono de helado a las once de la noche, debes decírmelo a las siete de la mañana, de manera que pueda programarlo en mi agenda".

"Yo no pude saber a las siete de la mañana que querría un cono de helado a las once de la noche".

Fuimos directamente a la casa y desde ese momento supe que este matrimonio nunca sería muy divertido.

Desde el principio tuvimos problema con los tubos de crema dental. Para Fred era algo esencial que el tubo se fuera enrollando desde abajo para que estuviera bien ordenado. Yo sencillamente lo cogía y lo oprimía. El siempre estaba arreglando las huellas que yo dejaba en el tubo de crema dental y limpiando la tapa y yo ni siquiera me daba cuenta de lo que estaba haciendo. Uno de los conflictos básicos de los matrimonios sanguíneos/melancólicos es que el sanguíneo no se da cuenta siquiera que está haciendo algo equivocado y por su parte el melancólico no quiere hablar directamente del problema. Sencillamente repara los daños y presume que su compañero sanguíneo tarde o temprano aprenderá por medio de la observación. Pero el sanguíneo no se da cuenta de lo que están intentando enseñarle y con toda seguridad nunca se solucionará el problema. Cuando llegue el tiempo en que el melancólico siente que debe exponer el problema, sus emociones estarán tan tensas que la situación desembocará en un altercado de marca mayor. Cuando uno entiende los temperamentos esos problemas se pueden evitar. El melancólico decide si algo es importante o no y habla de ello antes que se enoje. El sanguíneo trata de hacer lo que es correcto y el melancólico aprende a pasar por alto los errores.

En el caso de los tubos de crema dental, Fred resolvió el problema comprándome mi propio tubo de crema dental y dejándome que lo usara a mi manera.

Los opuestos se atraen y cuando nos fijamos en las fortalezas de nuestros temperamentos nos complementamos bien, pero cuando no entendemos nuestros temperamentos, nos enfocamos en las partes débiles de nuestros temperamentos y sentimos "que alguien, no yo," debe estar equivocado.

Una pareja a quien les di consejo tenía el típico problema de los sanguíneos/melancólicos. Carlos fue el tipo de hombre de negocios que se convertía en el alma de la fiesta y siempre tenía algo chistoso para decir. Miriam, su melancólica esposa, me contó la manera como se sintió atraída hacia Carlos debido a la confianza que demostraba en sí mismo, mientras que ella se sentía insegura, incapaz de llevar adelante una vida social y con frecuencia retirándose cuando había mucha gente. Ella describió a Carlos como un hombre buen mozo, amable, hablador y simpático. Esas eran todas las cualidades que a ella le hacían falta y que sentía que él las supliría.

Cuando Miriam vino a hablar conmigo estaba profundamente deprimida. Quería un matrimonio perfecto, pero Carlos por su parte no hacía las cosas perfectamente. Con frecuencia llegaba tarde para la cena, la que ella siempre tenía a tiempo y Miriam tomaba esto como un insulto. Lo que era peor, cuando él llegaba ni siquiera se daba cuenta que estaba llegando tarde. Para ella le era imposible creer que él no fuera una persona que consultara su reloj de la manera que ella lo hacía, por lo tanto pensaba que Carlos estaba llegando tarde a propósito. No quiso discutir el problema con él porque no quería causarle molestias.

Se dio cuenta de lo desorganizado que era y cómo con frecuencia perdía sus llaves. Le compró una repisa para colgar las llaves y la colocó cerca de la puerta de entrada. Esperó que él se diera cuenta de eso y cuando no lo hizo, se sintió triste sin que él supiera por qué. Cuando finalmente ella le dijo que estaba disgustada porque no se había dado cuenta de la repisa que había colocado para colgar las llaves, le dijo que era ridícula. Lo que la deprimió de nuevo.

Después de asistir a unas fiestas con Carlos, se dio cuenta de lo repetitivo que era con sus chistes. Nunca le había gustado la ligereza y ciertamente no le gustaba oír el mismo chiste una y otra vez. Una noche él contó una historia que no era completamente cierta y se sorprendió muchísimo al descubrir que su esposo era un mentiroso. Le mencionó el asunto diciéndole que no había dicho toda la verdad, a lo que le respondió: "Eso no interesa. De todas maneras se rieron, ¿no es cierto?".

Cuando tuve la oportunidad de hablar con Carlos, me contó *su* lado de la historia. Era un hombre agradable y me di cuenta por qué Miriam se enamoró de él. Eran tan disparejos como casi todas las parejas, pero Carlos pensó que todo se arreglaría si solamente ella dejara de presionarlo tanto.

"Miriam es una mujer encantadora, delicada y tímida y amo esa parte de ella – pero ella ha estado deprimida la mitad del tiempo desde que estamos casados. Antes pensaba que yo era chistoso – como todo el mundo piensa – pero ahora me dice que soy un mentiroso y quiere que todos mis cuentos se ciñan a los simples hechos.

"Ella es una maravillosa ama de casa; de hecho está muy cerca de ser una fanática. Si después de tomar el café coloco la taza en la mesa, casi me la arrebata de la mano para llevarla inmediatamente a la cocina. Hemos comprado nuevos muebles para la sala y los ha cubierto con sábanas para que no se decoloren. Siento como si estuviera sentado en un anfiteatro. Me da espanto.

"Si llego diez minutos tarde, se deprime. Parece que no puede entender que soy un hombre de negocios y que muchas veces debo persistir hasta lograr la terminación de un trato. Es como si estuviera casado con una mamá y me hace sentir como si yo fuero un niño malcriado".

¿Qué se podría hacer con Carlos y Miriam? Muchos problemas se resolverán por sí mismos, tan pronto como los participantes hagan un alto y analicen la situación objetivamente. A la pareja en cuestión les di un juego de casettes que contenían las conferencias acerca de los temperamentos y les pedí que no volvieran hasta que las hubieran escuchado juntos. Una semana más tarde Miriam llamó por teléfono, al oírla hablar parecía una persona nueva. "¿Puedo ir a verla? Hemos estado escuchando las cintas".

Esto es lo que me dijo:

Me siento una estúpida por no haberme dado cuenta de las razones de nuestros problemas. El escuchar las cintas juntos fue algo revelador, los dos sentimos que se nos estaba hablando a nosotros mismos. Carlos empezó a entender que yo no estaba tratando de ser su mamá; que sencillamente soy una melancólica que quiere tener todas las cosas perfectas. Empezamos a hablar abiertamente por primera vez y me di cuenta que nunca le había dicho cómo me sentía. Quise que leyera mi mente y como no lo hizo, me sentía deprimida. Empezamos a pasar revista a nuestras diferencias. Anteriormente yo planeaba la cena para servirla a las seis de la tarde, lo que pensaba era una hora normal. El nunca llegó a casa antes de las seis y treinta – y eso me disgustaba. Actualmente he cambiado la hora a las siete de la noche y como consecuencia de eso tenemos unos pocos minutos para relajarnos antes de sentarnos a comer. He aprendido que no hay ningún premio por el hecho de sentarse a comer a la misma hora cada noche.

En la actualidad Carlos cuelga las llaves en su lugar después de darse cuenta de la repisa. Ahora pienso con remordimiento del tiempo que gasté esperando que él se diera cuenta que la había colocado allí. Mientras escuchaba las cintas sobre la manera de los sanguíneos contar historias, me di cuenta que todos ellos están más interesados en la reacción del auditorio que en la exactitud de la historia, descubrí que no era que Carlos estuviera mintiendo y a ningún otro, sino a mí me parecía importante. Lo que me gusta de él es la manera como entretiene a los demás y he llegado a la conclusión que el puede contar las historias como él quiera. Ahora no lo corrijo a menos que haga algún comentario violento con lo que pudiera desencadenar la tercera guerra mundial.

Después que escuchamos las cintas, Carlos me preguntó si sería posible quitar los forros de los muebles porque a él le parecía que la casa tenía un aspecto de funeraria. Antes me hubiera sentido muy herida por el hecho que él criticara la manera como trabajo en la casa, pero le sonreí y le ayudé a quitarlos. Si las sillas pierden el color dentro de diez años, sencillamente conseguiremos otras nuevas.

Quiero darle las gracias por hacer que escucháramos las cintas acerca de los temperamentos. Me mostraron lo serio y rígida que yo he sido y lo poco divertido que había sido para Carlos estar conmigo. Ahora podemos discutir nuestras diferencias y reírnos de ellas.

Es verdaderamente sorprendente cómo otras personas mejoran cuando entendemos los temperamentos y no tratamos de hacer que sean como nosotros. Es una bendición cuando aprendemos a aceptar las pequeñas irregularidades tal como son.

Probablemente todos ustedes han escuchado historias similares a ésta. Su propia vida podría ser como ésta y a lo mejor se está diciendo a usted mismo, *Si ella piensa que esa pareja tenía problemas, ¡debería escuchar mi historia!* Pero cada uno piensa que su propia historia es la peor, porque es personal y omnipresente, pero el entender los temperamentos de los individuos puede ayudar a solucionar las situaciones difíciles antes que se nos salgan de las manos.

Relaciones colérico/flemáticas. A los flemáticos no les gusta que los obliguen y cuando se les permite hacer las cosas a su manera, no hacen nada de lo que han prometido hacer. Dotty, una amiga mía colérica, quien está intentando dejar de hacer todo en su casa, le dio a su flemático esposo, Lewis, la oportunidad de hacer una decisión importante. Mientras hablaban de los planes para las vacaciones, él escogió un lugar de veraneo en la costa. Lewis tenía que hacer las reservaciones. Cada vez que Dotty le preguntaba si ya había hecho las reservaciones, él le decía que lo haría cuando estuviera listo y que dejara de molestar. El día que estaban listos para partir, Dotty con una sonrisa le preguntó dulcemente, "Supongo que hiciste las reservaciones". El respondió tranquilamente, "Siempre hay personas que cancelan sus reservaciones". Ella se puso furiosa y viajaron en silencio a San Diego.

Cuando le preguntaron al empleado si había una vacante, se rió de ellos. "¿Ustedes piensan que pueden llegar a un lugar de veraneo en Agosto y conseguir un cuarto sin haber hecho una reservación? Están bromeando. No hay ni un solo cuarto en toda la ciudad".

"Eso fue un insulto suficiente," Dotty me dijo, "pero luego Lewis me miró y dijo, "Tú has debido recordarme". "En ese momento perdí control de mí misma, empecé a llorar y corrí al auto y empecé a golpear el bomper con mis puños. Juré que nunca volvería a contar con él para nada".

Finalmente encontraron un cuarto en un viejo motel al lado de un restaurante abierto las veinticuatro horas. Lewis rápidamente se durmió en un colchón que era una desgracia, mientras que Dotty permaneció despierta toda la noche.

Por la mañana Lewis dijo: "Puede ser que esto no sea hotel de lujo, pero pensemos en el dinero que hemos ahorrado".

Desafortunadamente este es un caso típico de lo que sucede entre una esposa colérica y un marido flemático. A él no le gusta que lo obliguen a hacer nada y se lo dice claramente a ella. Ella se contiene y trata de no estar vigilándolo. El descuida sus responsabilidades y luego el hacha cae. Ella se disgusta y llega a la conclusión que no puede confiar en él. Vuelve a tomar control de la situacion y su esposo le dice a todo el mundo que ella trata de dominarlo. Ella aparece como la tirana y él da la impresión del típico esposo dominado por su mujer.

Reparando los daños. Para solucionar este tipo de problemas, en primer lugar las parejas tienen que entender el conflicto que acarrean sus temperamentos diferentes y luego juntos prometer salir de sus extremos y encontrarse en el centro. No interesa de qué sexo sean, los sanguíneos tienen que arreglar su vida, mientras que los melancólicos deben tener en cuenta lo difícil que es esto para ellos. El melancólico tiene que bajar sus estandars y no deprimirse si se da cuenta que está casado con una persona imperfecta.

El colérico tiene que permitir al flemático tomar sus decisiones y ser responsable y el flemático tiene que hacer lo mejor posible para llevar las cosas a término, de manera que el colérico no tenga una excusa para volver a tomar las riendas. El flemático debe forzarse a sí mismo para planear actividades interesantes y el colérico debe dedicar tiempo para disfrutarlas.

Todas estas decisiones demandan esfuerzo pero si no se hace, la única alternativa será que dos personas que están casadas vivan vidas separadas, hasta que llegue el día en que uno de ellos decida abandonar el hogar.

¡Por supuesto hay esperanza! Fred y yo hicimos el esfuerzo supremo para cambiar nuestro matrimonio. Tuve que aprender a ser organizada y él tuvo que aprender a divertirse, pero a los dos nos interesaba lo suficiente como para hacer lo que hicimos. Muchos de los que han asistido a nuestros seminarios nos han escrito para decirnos lo mucho que el conocimiento de los temperamentos les ha ayudado.

Pero la Biblia dice lo mejor de todo:

El buen entendimiento da gracia...

Proverbios 13:15

15

Podemos Identificar las Diferencias que Hay en Otros

Una vez que hemos entendido nuestros temperamentos, esto nos abre un nuevo mundo de relaciones humanas positivas. Podemos tomar los principios que hemos aprendido y aplicarlos de una manera práctica.

Sabemos que:

Los sanguíneos son mejores:

* en su manera de tratar entusiástamente a otras personas
* en expresar sus pensamientos con entusiasmo
* en tomar posiciones que atraigan la atención sobre ellos

Los melancólicos son mejores:

* en poner atención en detalles y pensar los asuntos cuidadosamente
* en llevar archivos, hacer gráficos y listas
* en analizar los problemas que son demasiado difíciles para otros

Los coléricos son mejores:

* en desempeñar trabajos que requieran decisiones rápidas

- en asuntos que necesiten acción instantánea y logros
- en áreas que demandan estricto control y autoridad

Los flemáticos son mejores:
- en desempeñarse como mediadores
- en situaciones difíciles en que se necesita que alguien infunda calma
- en rutinas que a otros les pueden parecer aburridas

A medida que avanzamos en el estudio de los principios de la personalidad, empiece a planear el uso de estos conocimientos para mejorar su habilidad de relacionarse con otros. Cada tipo de temperamento tiene su propio estilo definido de lenguaje corporal y verbal, como también un comportamiento social diferente. A medida que entendemos los temperamentos y empezamos a observar a las personas, descubriremos que con frecuencia podemos reconocer el temperamento de una persona en el mismo momento en que ésta entra en un cuarto. Nunca debemos usar este conocimiento para juzgar o colocar rótulos sobre alguien, solamente para ayudarnos en nuestras relaciones con otros.

Sanguíneo El sanguíneo entra en una fiesta con la boca abierta buscando una audiencia. A medida que habla ruidosamente para llamar la atención y hacerse notar, sus manos se mueven permanentemente. Si el sanguíneo tiene que sentarse, se mueve mucho, da golpecitos con el pie, teclea con los dedos – hará cualquier cosa antes que tener que sentarse quieto.

Sencillamente este tipo de persona no puede sentarse quieta y relajarse. Siempre está en busca de una audiencia y a lo mejor lo abandona a usted en mitad de su mejor historia para correr a saludar a un nuevo amigo que acaba de entrar. Ni siquiera se dará cuenta que fue maleducado por no haber estado escuchando y no darse cuenta que usted estaba hablando. Durante una fiesta, el sanguíneo irá de grupo en grupo y el nivel de ruido se incrementará en las áreas donde él esté. La mujer sanguínea hace su ingreso a una fiesta repartiendo abrazos, besos, risa y a medida que habla mantendrá la atención de la audiencia centrada en ella, para que nadie se vaya antes que termine su historia. Cuando usted vea a una persona exuberante que habla en voz alta que entra en la sala, con toda seguridad se ha encontrado con un sanguíneo.

El sanguíneo habla usando mucha exageración sin que necesariamente sus palabras tengan mucha relación con la verdad estricta. El sanguíneo siente que si ha escuchado una historia aburrida debe contarla a otros. Es apenas lógico que tenga que adornar la historia un poco, de manera que cuando usted la escuche, ésta será mejor que la versión original.

Cualquier cosa que el sanguíneo diga, será algo exagerado y exuberante y no tendrá dificultad para escucharlo. Tan pronto como usted identifique al sanguíneo, puede tomar una rápida decisión. Por una parte si desea una entretención, quédese. Si lo que desea es hablar, rápidamente vaya a otro cuarto y busque a un flemático sedentario quien seguramente le escuchará.

Colérico. El colérico, lo mismo que el sanguíneo, encuentra muy difícil relajarse y tiende a sentarse en el borde de la silla, esperando el momento de entrar en acción. Para un colérico charlar es usualmente un malgasto del tiempo y si la conversación no se logra centrar en temas de negocios o en algo en que pueda intervenir, preferirá no decir ni una palabra. Cuando el colérico ve algo que quiere, trata de cogerlo inmediatamente, en lugar de pedirlo y a lo mejor al estirar el brazo derriba su vaso.

El colérico sabe todo acerca de cualquier tema y disfrutará decir más de lo que usted quiere saber acerca de cualquier cosa. Habla en términos absolutos y tiende a mirar a los demás como si fueran realmente estúpidos. Es mejor no estar en desacuerdo con una persona así en una reunión social porque al colérico le encanta argumentar y demostrar que usted está equivocado aunque en realidad esté en lo correcto. Le será muy difícil escapar y es posible que le siga al auto mientras expone su lógica hasta que obedientemente usted esté de acuerdo en decir que lo negro es blanco. Con frecuencia se escucha a los coléricos decir cosas como:

"Se lo dije".

"Tenga cuidado, ¡tonto!".

"Categóricamente no".

"Obviamente".

"Solamente un idiota dirá una cosa semejante".

"¿Qué le pasa a usted?".

"¿No ha aprendido nada?".

"Si solamente tuviera un poquito de sentido común, podría darse cuenta que tengo razón".

Cuando aprenda a reconocer un colérico, sabrá cómo tratar con él en una reunión social. Hágale preguntas difíciles y demuestre abiertamente que está impresionado por sus respuestas. Mueva la cabeza en señal de aprobación cuando exprese sus opiniones de la vida y el le recordará a usted como un brillante conversador.

Melancólico. En contraste con las entradas ruidosas de los sanguíneos y los coléricos, el melancólico entrará en una reunión quieta y discretamente. Entra con la esperanza que nadie se de cuenta de él y la mujer melancólica va convencida que está vestida inapropiadamente para la ocasión. Al hombre melancólico de todas maneras no le gustan las fiestas y aún lamenta haber venido. El melancólico tiende a pararse al margen de los grupos con la manos en el bolsillo y no se sentará a menos que específicamente lo inviten a hacerlo. No quiere ofender a nadie de ninguna manera y nunca quiere dar lugar para que la anfitriona pueda criticarle más tarde. Con frecuencia toma muy en serio algún comentario liviano hecho por un sanguíneo poco pensante y puede ser que entre en una depresión y rehuse hablar el resto de la reunión. Cuando tenga la oportunidad, llamará a su esposa y saldrá de la reunión y regresará a la seguridad de su propia casa, preguntándose por qué había salido.

Para el melancólico le es muy difícil aceptar cumplidos y usualmente replica a esos comentarios con expresiones como:

"¿Le gusta este vestido viejo?

"Nunca me ha gustado mi cabello".

"Solamente está diciendo eso por decirlo. En realidad es horrible".

Como el melancólico casi siempre tiene una imagen negativa de sí mismo, tiende a decir:

"No hay ni una esperanza para este proyecto".

"Con la suerte que tengo, esto fracasará".

"Nunca podré ser presidente".

"Yo sabía que todo el asunto estaba equivocado desde el principio".

"Probablemente arruinaré toda la comida".

"No creo que realmente me quieran en el comité".

"Sé que usaré la ropa que no es apropiada".

"Nunca sé que decir".

"Debería haberme quedado en la casa".

Tan pronto como identifique a un melancólico, sabrá que podrá tener una conversación seria y significativa y que él apreciará un acercamiento serio y sincero. Al melancólico no le gustan los comentarios hechos en voz alta y le disgustará si usted atrae la atención sobre él. Preferirá tener una sola conversación inteligente en toda la tarde, a ir de persona a persona en la manera como el sanguíneo lo hace.

El flemático. El flemático entra despacio ,con una media sonrisa dibujada en su cara, sorprendido que tantas personas hayan venido a una reunión tan poco importante. Echa una mirada casual al grupo con la esperanza que pueda mantenerse despierto. Puesto que cree que uno nunca debe estar de pie mientras pueda sentarse y que nunca debe estarse sentado si puede acostarse, se dirigirá directamente en busca de la silla más suave que pueda encontrar. Se arrellanará entre los cojines y se acomodará como si estuviera sentado en una poltrona. Pasará la noche muy relajado, bostezará constantemente y de pronto dormitará. Si el flemático inadvertidamente se mete en la conversación de la tarde, hará unos comentarios chistosos en el momento oportuno. Muchas veces estos comentarios humorísticos pasan inadvertidos porque los dice en una manera casual y uno necesita prestar mucha atención para entender sus sutilezas.

Como al flemático lo que le interesa es relajarse antes que gastar sus energías y como no tiene entre manos ninguna asunto importante que promover, tiende a hablar en lo que podríamos denominar clichés indiferentes. Dirá cosas como:

"¿Y eso qué interesa?".

"Bueno, así es la vida".

"Bueno, no nos emocionemos por nada".

"Siempre ha sido de esa manera, ¿por qué vamos a cambiar ahora?".

"¿Para qué molestarnos?".

"Eso suena como mucho trabajo".

Los flemáticos tienden a estar juntos en las fiestas y sentarse calladamente. Ellos encuentran un cierto alivio en el hecho de saber que no esperan nada el uno del otro. Si usted está buscando una audiencia o alguien quien no argumentará con usted, consiga un flemático. A usted le agradará ese tipo de persona.

La próxima vez que se encuentre en una reunión, mire alrededor y verá la señora sanguínea tratando de agarrar a todo hombre disponible contando una cantidad de adorables historias. Observe al colérico diciendo autoritariamente a los otros hombres la manera en que pueden fortalecer sus negocios, de manera que tengan tanto éxito como él. Tenga en cuenta a la señora melancólica, sentada correctamente y mostrando una inseguridad, mientras los hombres se sienten atraídos hacia ella debido a su manera suave y gentil (Y ella tiene la esperanza que quizás no están diciendo tantas cosas bonitas solamente para hacerla sentir feliz). Luego localice al flemático allí relajado mirando la televisión en otro cuarto, con la esperanza que nadie lo encuentre. No se sorprenda si sus ojos están medio cerrados y le escucha decir a él mismo, *Después de todo la fiesta no está tan mala.*

El conocimiento de los temperamentos puede ayudar a cada uno de nosotros a comportarnos mejor en situaciones sociales; nos puede ayudar a conversar de una manera apropiada y que agrade a las demás personas presentes; y nos puede ayudar a entender los aspectos positivos y los negativos de otras personas. De allí en adelante, usted se deleitará a medida que distingue al hablador, a la persona de acción, al pensador y al observador. ¿No le parece maravilloso que todos no somos exactamente iguales?

¡Con el conocimiento que tiene de los temperamentos usted se ha vuelto más perceptivo, o más sabio – o bueno – ambas cosas a la vez!

> *Dale al sabio y se hará más sabio; enseña al hombre bueno y aumentará su saber.*
>
> Proverbios 9:9   Dios Habla Hoy.

16

Cómo Llevarse Bien con Otros

Ya que hemos analizado nuestras propias fortalezas y debilidades y hemos con sinceridad empezado un programa con el propósito de mejorar, surge la pregunta de ¿Cómo podemos usar este conocimiento para que nos ayude a llevarnos bien con los demás?

Un día el joven Fred estaba quejándose conmigo acerca de Marita. En su manera melancólica, me decía que ella hacía mucho ruido, que no era seria y que tampoco era ordenada.

"Tengo que ir recogiendo detrás de ella todas las cosas y ya estoy harto de hacerlo tantas veces". Entonces lo miré y le dije, "¿Sabes la razón por la cuál Dios te dio a Marita como hermana? El quiso darte muchos años de práctica al vivir con una sanguínea porque sabe que te casarás con una muchacha muy semejante a Marita".

"Nunca me casaré con nadie semejante a ella," dijo firmemente y abandonó el cuarto.

Algunos días después cuando mi mente sanguínea había olvidada completamente la conversación, él entró en la cocina y me dijo: "Tienes razón".

No tenía ni idea a qué se refería pero al hacerme saber que tenía razón me puse contenta.

"Tienes razón, probablemente me casaré con alguien semejante a Marita. Toda la semana en la escuela he estado observando las niñas que me gustan y todas son semejantes a Marita. Supongo que es mejor que aprenda a vivir con ella".

No le mencioné el incidente a Marita y una semana más tarde ella me preguntó, "¿Qué está tratando de hacer Fred?".

"¿Por qué?".

" Ha sido muy amable conmigo y hasta me ha ayudado a sacar unas cosas del carro".

Le expliqué, "El está de acuerdo conmigo en que probablemente se casará con una sanguínea y está practicando contigo".

Cuando empecemos a entender las diferencias en nuestros temperamentos básicos, esto quitará la presión de nuestras relaciones interpersonales. Podemos ver las diferencias de otros de una manera positiva y no tratar de hacer que cada persona sea como nosotros.

SANGUINEOS

Reconozca las dificultades que esas personas tienen para llevar a cabo sus proyectos. Aunque quisiéramos que cada sanguíneo ordenara su vida, este deseo es un sueño, de manera que es mejor que seamos realistas. A los sanguíneos les gustan las ideas y proyectos nuevos, pero no llevan nada a término. Esta debilidad es muy difícil para los melancólicos entenderla, porque sienten una necesidad apremiante de terminar lo que han empezado y piensan que cualquier persona inteligente debe sentir lo mismo. Los niños sanguíneos necesitan supervisión constante para asegurar que han hecho las tareas que les han asignado. Se distraen fácilmente pero tienen buenas intenciones, de manera que no desista. Muchas madres sienten que es más fácil hacer las cosas ellas mismas, pero esa actitud lo único que hace es animar las debilidades de los sanguíneos y pronto se darán cuenta que si hacen las cosas incorrectamente no les volverán a pedir nuevamente.

Siendo que los adultos sanguíneos son niños grandes, debemos aplicar el mismo principio con ellos. Si usted está supervisando a un sanguíneo, debe dar instrucciones claras y a su vez usar la palabra *urgente* ayudará y luego persista hasta que usted tenga la seguridad que esa persona terminará el proyecto. Siempre es mejor emplear sanguíneos en áreas donde pueden sobresalir y evitar colocarlos en responsabilidades que demanden trabajos detallados y que exijan un cumplimiento en determinado tiempo.

Dese cuenta que a ellos les gusta la variedad y la flexibilidad. A los sanguíneos siempre les gusta las cosas nuevas y hacen lo mejor cuando una actividad está acompañada de algo de diversión. Colocando sanguíneos en trabajos rutinarios o aburridos de ninguna manera se logrará explotar plenamente sus habilidades. Una mujer sanguínea quiere una gran cantidad de ropa, dinero, fiestas y amigas y no desea adaptarse a lo rutinario de la vida. Los hombres sanguíneos se entusiasman fácilmente con un nuevo trabajo hasta que la novedad de éste se acaba. Si lo que usted desea es un marido estable, conservador y en quien pueda confiar, es mejor que no piense en un sanguíneo. Si desea emoción, variedad y diversión, entonces el sanguíneo es el hombre apropiado.

Ayúdeles a evitar que se comprometan a hacer más de lo que pueden hacer. Los sanguíneos frecuentemente se comprometen demasiado, porque se entusiasman fácilmente con cada nueva idea o proyecto y aceptan unirse de inmediato (y aun servir de presidente). También tienen dificultades para negarse y decir *no.* Los sanguíneos realmente tienen buenas intenciones, pero sencillamente se escapan cuando la carga es demasiada. Ayúdelos a analizar el tiempo que disponen y a comprometerse solamente con lo que puedan manejar. Los compañeros de los sanguíneos tienden a esperar el día en que se desate una postración nerviosa y luego sí les obligan a abandonar todo para siempre. Trate de solucionar este problema pronto y racionalmente, sabiendo que ellos necesitan actividades fuera de la casa, pero que no son capaces de decir *no.* Muéstrese impresionado por el hecho que les hayan pedido hacer algo; felicítelos por su carisma; y ayúdelos para que rechacen unas pocas oportunidades en que serán el centro de la acción, pero no suprima *todas sus actividades fuera de la casa.*

*No espere que recuerden citas o que lleguen a tiempo.*Aunque ya les haya rogado a los sanguíneos que se organicen y lleguen a tiempo, no cuente con ellos. Aun cuando han planeado llegar temprano siempre pasa algo. Si salen a tiempo tienen que regresar por algo que se les haya olvidado.

Es un milagro que Marita y Fred tengan su dentadura derecha teniendo en cuenta la gran cantidad de citas que olvidé cumplir con los ortodoncistas. Afortunadamente, el doctor estaba encerrado en su santuario y protegido por un grupo de muchachas en faldas cortas y nunca tuve que enfrentarme a él. Estoy segura que si usted le preguntara acerca de mí, diría que debo ser alguna pobre señora con doce hijos, un bajo cociente de inteligencia y quien no tiene idea de lo que es un calendario.

Aunque lo intentan, los sanguíneos sencillamente no pueden organizar sus vidas.

Felicítelos por todo los logros. Debido a que es tan difícil para un sanguíneo llegar hasta el final de cualquier proyecto, necesitan que se les felicite constantemente para que puedan seguir. Las personas de otros temperamentos que no necesitan que los animen tanto, no entienden porque las felicitaciones y los cumplidos son como la comida para los sanguíneos. No pueden vivir sin ellos.

Cuando Fred y yo nos casamos yo limpiaba todas las migajas de la caja de los cubiertos y luego sin pensar le pedía una felicitación. "Fred ya limpié la caja de los cubiertos".

"Ya era tiempo que lo hubieras hecho". Me respondía.

Con esa clase de respuesta, no seguí limpiando la caja de los cubiertos. Cuando Fred aprendió cómo manejarme por entender mi temperamento, el se dio cuenta de lo importante que eran las palabras de aliento para mí. Ahora cuando limpio la caja de los cubiertos y se lo hago saber, el deja lo que está haciendo y corre a mirar. "¡Ah, que caja de cubiertos tan bonita!". Eso es suficiente para que otro día la vuelva a limpiar.

Al tratar con niños sanguíneos, es muy importante reconocer sus logros y no solamente llamarles la atención cuando cometen errores. Felicítelos hoy por algo que en realidad no tiene mucha importancia y seguramente mañana harán más.

Recuerde que son personas que se dejan llevar por las circunstancias. Más que nadie, los sanguíneos son controlados por las circunstancias. Sus emociones suben y bajan de acuerdo con lo está sucediendo a su alrededor. Cuando usted se da cuenta de lo rápido que sus emociones cambian, no reaccionará cuando se dejan llevar por la histeria. Es una lástima para los Sanguinos el hecho de constantemente estar gritando *¡viene el lobo!* Una señora me contó que al agacharse sobre la estufa de gas, la manga de su vestido empezó a arder. Gritó a su esposo que estaba en el cuarto contiguo, "¡Ayúdame! ¡Ayúdame! ¡Me estoy quemando!", a lo que él le contestó: "¡Seguro, querida. Siempre estás apasionada!".

Tráigales regalos; a ellos les gustan los juguetes nuevos. ¡Ah!, cuánto les gusta a los sanguíneos recibir regalos. No les interesa si es un regalo costoso o un detalle, si les da cualquier regalo se sentirán emocionados. Fred ha aprendido lo mucho que aprecio las sorpresas y si compra el pan en su camino de regreso a la casa, me llama y me lo da como si fuera un regalo. Abro el talego y me siento muy agradecida por el hecho que se dio cuenta que ya casi no había pan. En una semana santa me trajo una docena de ganchos para la ropa de un verde claro que había comprado en una realización. Me emocioné, porque en la casa hay alguien a quien le gusta robar los ganchos para ropa y nunca puedo encontrar uno. Ahora que tengo unos de un color verde claro, puedo mirar en los closets y fácilmente encontrar los ganchos extraviados.

Como los sanguíneos seguirán siendo niños para siempre, constantemente están buscando nuevos juguetes para darle color a la vida.

Reconozca que tienen buenas intenciones. Tal vez el consejo más importante que podría dar para poner en práctica en las relaciones con los sanguíneos es reconocer que ellos tienen buenas internaciones. Son muchos los melancólicos que me han dicho como les ha ayudado saber que los sanguíneos no están persiguiéndolos. Los sanguíneos desean tanto ser populares y que la gente los quiera que siempre están tratando de ser agradables y de ninguna manera *desean tener problemas con nadie. Cuando usted acepte este hecho, tendrá mucho menos conflictos con los sanguíneos.*

¡Dé gracias que conoce un sanguíneo feliz y disfrute de la vida!

MELANCOLICOS

Reconozca que son muy sensibles y que se ofenden Fácilmente. Uno de los beneficios más grandes del aprendizaje acerca de los temperamentos, es lo bien que uno se siente cuando entiende por qué otras personas reaccionan en la manera que lo hacen. Para los sanguíneos y los coléricos, que son propensos a decir lo que se les viene al pensamiento sin meditarlo, es muy importante saber que los melancólicos son muy sensitivos y se ofendan muy fácilmente

El mismo rasgo de sensibilidad es a la vez algo positivo que le da a los melancólicos una naturaleza emocional que es abundante y profunda, pero que los lleva a un extremo y estos sentimientos hacen que ellos se sientan ofendidos fácilmente. Tan pronto como usted sepa que una persona es de temperamento melancólico, ponga cuidado a la palabras que usa y a su volumen de voz y evite tener que enfrentarse en cualquier momento a una persona que se siente rechazada.

Si a usted le parece que va a empezar una tormenta, pida disculpas sinceramente y explique que usted tiene la tendencia de hablar demasiado rápido sin pensar.

Reconozca que ellos están programados con una actitud pesimista. Hasta que usted entienda al melancólico, no se dará cuenta que son personas que han nacido con un punto de vista pesimista de la vida. Este rasgo es algo positivo. porque son capaces de anticipar y visualizar los problemas de los cuales otros temperamentos no se darían cuenta.

Aprenda a lidiar con la depresión. Para aquellos que viven con un melancólico que se deprime fácilmente yo les sugeriría que lean mi libro titulado *Aleje las nubes negras*.(Blow Away The Black Clouds) Este es un manual que trata de los síntomas y ofrece sugerencias para vencer la depresión. El capítulo titulado "Cómo vivir con una persona deprimida" sé que les será de mucha ayuda.

A continuación enumero los puntos básicos para tener en cuenta en el trato con los melancólicos:

1. Esté alerta a los síntomas de la depresión:

> Pérdida de interés en la vida
>
> Sentimientos de pesimismo y desesperación
>
> Aislamiento de los demás
>
> Comer con exceso o no comer lo suficiente
>
> Insomnio o dificultad para permanecer despierto
>
> Amenazas de suicidio.

2. Dese cuenta que esas personas necesitan ayuda. Si rechazan su preocupación y consejo, trate de llevar a la persona afectada a hablar con alguien a quien respete como una autoridad en el asunto de los sentimientos.

3. No trate de alegrarlos. Antes que entendiera la depresión, trataba las crisis de Fred sencillamente diciéndole, "Animo, sé feliz como yo". Muy pronto me di cuenta que mi jovialidad lo único que hacía era sumergirlo aún más profundamente en la depresión. Tenemos que identificarnos con ellos en su situación, decirles que entendemos como se sienten (y no culparles) y luego estar con ellos y caminar paso a paso con ellos hasta que salgan de la crisis.

4. Anímelos para que expresen sus sentimientos. Los sanguíneos y los coléricos tratan la depresión como algo que se puede acabar en un momento. La respuesta de ellos a una situación así es, "Anímese y olvide lo que le está preocupando". Si la persona no responde inmediatamente, a lo mejor se retiran y lo dejan con sus problemas. La persona que se encuentra deprimida demora antes de mostrar sus sentimientos y examinar las causas que lo han llevado a la depresión con otro, para luego analizar las posibles soluciones.

5. Nunca les diga que sus problemas son algo estúpidos. La persona que se encuentra deprimida siente que su problema, aunque real, puede ser algo estúpido. Se disgusta consigo mismo por comportarse de esa manera y sabe que todos pensarán que sus preocupaciones son ridículas. Debido a estos sentimientos, no le dice a nadie lo que le preocupa. Si usted insiste en rogarle, finalmente compartirá con usted sus sentimientos. Imagínese lo que le sucederá si él se atreve a compartir sus sentimientos y como respuesta, usted le dice, "¡Esa es la cosa más estúpida que he oído en mi vida!".

Felicítelos sinceramente y demuéstreles amor. Debido a que los melancólicos son personas que no están seguros del amor de otros por ellos, dudan de la sinceridad de los cumplidos que reciben. Mientras que el sanguíneo está hambriento de escuchar buenas palabras y convertirá un insulto en un cumplido, el melancólico con frecuencia ¡convierte los cumplidos en insultos! Otra razón de sus dudas en cuanto a la sinceridad de los cumplidos es que analizan todo y sospechan de los demás, especialmente de las personas felices. Sienten que debe haber algún motivo escondido detrás de un cumplido y sin embargo quieren ser apreciados. Este conflicto hace difícil para cualquiera decir algo positivo a un melancólico y hacer que éste lo reciba con las buenas intenciones que se dijo. El conocer este problema le ayudará a decir cumplidos sinceros y no disgustarse si la persona le contesta diciéndole "¿Qué quiere decirme con eso?".

Acepte el hecho que a ellos les gusta una vida quieta. Antes de casarme con Fred yo no sabía que era posible ser a la vez feliz y vivir una vida quieta. Pensaba que estar sola durante diez minutos era lo mismo que ser impopular. Había estudiado locución y sabía que perdería el puesto si dejaba pasar cinco segundos sin hablar en un programa radial. Visualizaba la vida de la misma manera. Alguien tenía que estar hablando todo el tiempo y los silencios equivalían al aburrimiento. Imagínense mi sorpresa cuando después de haber hablado durante toda la luna de miel, Fred me dijo, "Realmente disfruto mejor de la vida cuando ésta es quieta".

¿*Disfrutar de la quietud?* Semejante pensamiento es algo revolucionario. Si usted es un sanguíneo, puede ser que no llegue a saber lo que realmente significan los momentos de quietud para un melancólico. Ellos disfrutan contemplar el espacio, respirar aire fresco, o meditar a la luz de la luna. Si usted es capaz de entender estos principios, llegará a ser apreciado por los sensitivos melancólicos.

Trate de ceñirse a un programa razonable. La parte más importante de la vida de un melancólico es su programa. Necesita saber a dónde va, cuándo y porqué. Pasar un día sin un programa es causa de insurrección, Una vez que usted haya aceptado este hecho, puede mejorar sus relaciones con los melancólicos si trata de hacer que su vida siga un tipo de programa. No trate de arrastrar al melancólico para que siga su azaroso estilo de vida. Este tipo de persona está en lo correcto. Todos deberíamos saber hacia dónde nos dirigimos.

Ayúdelos para que no se conviertan en esclavos de la familia (una nota especial para los hombres casados con mujeres melancólicas). Como los melancólicos son perfeccionistas, es muy difícil para ellos aceptar un trabajo que no haya sido hecho de acuerdo a sus estandards. Consecuentemente, las madres melancólicas tienden a hacer todo el trabajo y convertirse en esclavas de su familia. Tan pronto como los niños se dan cuenta de la devoción de su mamá a desempolvar, ellos lo harán de una manera deficiente para incitarla a decir, "No quiero que hagan ni una sola cosa en esta casa". Esto les hará sonreír con satisfacción y siempre saldrán a jugar. Aunque los niños se sientan contentos, será muy poco lo que aprendan acerca de cuidar una casa y tendrán una idea distorsionada de sus responsabilidades en la vida. Anime a su esposa para que entrene a los niños para que sean de ayuda y también que baje sus estandards para que éstos se ajusten a las habilidades de ellos.

Esté agradecido que tiene un compañero sensible y emocional.

COLERICOS

Reconozca que son líderes natos. Lo primero que se debe entender en el trato con los coléricos es que han nacido líderes y que su naturaleza los impulsa a estar en los puestos de mando. No son flemáticos que un día deciden tomar control del mundo. Tampoco son melancólicos que diseñan planes y deciden colocarlos agresivamente en acción. Ni sanguíneos que han decidido finalmente ponerse a trabajar. Son personas que han nacido con un deseo de dirigir y con un amor por el liderazgo. Tan pronto como usted entiende su naturaleza, llena de rasgos positivos, que algunas veces los lleva a extremos, no se sorprenderá ni se sentirá ofendido cuando ellos tomen control de la situación.

Debido a que los coléricos son tan fuertes, aquellos que tratan con ellos deberían contar con similar fuerza. No tratan de imponer su propia manera de hacer las cosas, sencillamente pueden ver la respuesta lógica a las situaciones y asumen que usted desea lo que es "correcto". Si usted puede llegar a comprender su manera de pensar puede permanecer firme en sus convicciones y ellos le respetarán por tomar su posición. Cuando usted permita al colérico que le domine, el continuará haciéndolo.

Insista en la Intercomunicación. El hecho que los coléricos tienen una naturaleza inclinada a controlar a los demás hace difícil para su compañero ejercer su voluntad en las actividades o planes de la casa. Teniendo en cuenta este problema, el esposo o la esposa de un colérico debe insistir en la intercomunicación. *Insistir* es una palabra fuerte, pero es necesario usarla en las conversaciones con los coléricos, porque de otra manera se burlará de la necesidad que usted siente de discutir los asuntos y sencillamente le dará respuestas evasivas.

Algunas veces he sugerido a mujeres casadas con hombres coléricos que escuchen lo que éste tiene que decir, les agradezcan su opinión y luego que les pidan tres minutos para exponer su punto de vista. Usualmente el pondrá atención si usted habla claro y conciso, firme pero al mismo tiempo amable.

Reconozca que no es la intención de ellos herir a las demás personas. Debido a que los coléricos dicen la primera cosa que viene a su mente, sin preocuparse de los sentimientos de otros, frecuentemente hieren a las demás personas. Si entendemos que la intención del colérico no es herir a nadie, sino que sencillamente habla sin pensar, sería más fácil aceptar sus comentarios rápidos y no sentirnos disgustados.

Cuando una señora colérica se me acercó y dijo, "Me gusta su vestido. Se ve muy bien cada vez que se lo coloca," no regresé a la casa con la intención de quemar el vestido. No era su intención herirme; sencillamente dijo lo que llegaba a su mente.

Ayúdeles a aceptar sus responsabilidades. Para evitar posibles conflictos (sin sacrificar su personalidad), usted debe insistir que el colérico decida cuáles son las responsabilidades en la familia que quiere tomar a cargo y cuáles las que usted tomará. Fred y yo no estábamos de acuerdo en dónde se debería colgar los útiles de la cocina, un asunto muy sencillo por cierto. Como sentí que yo era responsable de la cocina quería colgarlos donde se vieran bonitos. Fred quiso colocarlos en el lugar más práctico. Mientras discutíamos este problemita, me acordé que Fred me prepaba el desayuno cada mañana y si no le permitía colocar la espátula donde él la pudiera coger con facilidad, de pronto dejaría de freír los huevos para mi desayuno.

Ahora que viajo mucho, hemos tenido que cambiar algunas de las responsabilidades acordadas previamente. Fred ahora hace el mercado y mantiene llenos los gabinetes de la cocina y la nevera, para que cuando yo vuelva a casa siempre haya comida. Usualmente los coléricos prefieren el plan más práctico y no temen al trabajo, pero si las responsabilidades no son claramente delineadas el resultado será un conflicto.

Comprenda que ellos no son compasivos. Debido a que el colérico ve la vida de una manera realista y práctica, no tiende a sentir compasión por los enfermos y débiles, ni amar a los antipáticos ni tener el tiempo para visitar a los pacientes en el hospital. Los coléricos tienden a apartar la vista cuando alguien tiene necesidades emocionales. No son crueles e insensibles, sencillamente no sienten el dolor ajeno. El colérico debe intentar mejorar sus sentimientos hacia otras personas y usted se llevará mejor con él si no espera milagros.

¡Esté agradecido de que tenga un líder que "siempre tiene la razón!"

FLEMATICOS

Dese cuenta que ellos necesitan una motivación directa. Es muy difícil para un padre colérico entender a un hijo flemático. Debido a que el colérico vive tan motivado y ve todas las cosas como una meta que se puede alcanzar en tres pasos, no puede comprender que un niño pueda tener un bajo nivel de motivación y sin embargo no ser estúpido. El colérico iguala la inteligencia con pensar así como él lo hace y puede ser que llegue a apagar el espíritu de un flemático, convirtiéndolo en un perdedor.

Un famoso cirujano me contó acerca de su "introvertido y perezoso hijo, sin personalidad". A medida que discutíamos el problema, pude darme cuenta como este hombre dominante y presumido podría hacer que cualquier niño se refugiará en sí mismo y diera la apariencia de ser perezoso. El dijo, "Trato de motivar al muchacho. Cada vez que lo veo sentado, digo, "Levántase, vago y póngase a trabajar".

¡Usted puede imaginarse la manera como este mandato inspira al hijo de ese hombre!

Los flemáticos son las personas que más disfrutan de la vida y son las que toman las cosas con más calma, pero son las que más necesitan que se les motive positivamente. Necesitan padres o compañeros que los animen y les ayuden a fijar metas. Cuando entendemos el temperamento de los flemáticos, nos daremos cuenta que ellos necesitan motivación directa y es lo mismo con un niño, con un compañero, o con un socio en el trabajo, podemos animarlos, dirigirlos, en lugar de mirarlos con desprecio, juzgándolos y quitándoles todo el incentivo que puedan tener.

Ayúdales a poner metas y ofrézcales recompensas. Cuando yo asistía a la escuela secundaria, los profesores nos daban estrellas doradas cuando hacíamos un trabajo bien hecho. Me gustaba ver tanto esas estrellas y trabajaba duro para conseguir una hilera de esas recompensas al lado de mi nombre en la lista de alumnos.

A medida que crecemos nos gusta un tipo de refuerzo y el flemático necesita ayuda para fijarse metas y recompensas para que le parezca que el esfuerzo vale la pena. El niño flemático trabajará mucho mejor si tiene una lista con los trabajos que debe hacer para ir tachando al cumplir con los trabajos. La esposa flemática será una mejor ama de casa si el resto de la familia se da cuenta de lo que ha hecho y el esposo flemático a lo mejor limpie el garaje si se le promete su comida favorita en la cena.

Los flemáticos son personas capaces de fijar metas, pero su naturaleza les impide que quieran colocarlas – si pueden evitar tener que pensar con tanta anticipación. A medida que usted aprende a vivir con los flemáticos, se dará cuenta de todo lo que pueden lograr si usted se ha tomado el tiempo de ayudarlos a fijar metas y les ha explicado el valor de lograrlas.

Una luz al final del túnel hace que la caminata hasta el otro lado valga la pena.

No espere entusiasmo. Los sanguíneos y los coléricos quieren que los demás respondan con entusiasmo a cualquier cosa que mencionen y cuando los flemáticos parece que no tienen interés, esas personas se sienten ofendidas o disgustadas. Cuando todos entendamos que la naturaleza del flemático no se excita, podemos entender más fácilmente el hecho que ellos con ese tipo de temperamento no saltan de alegría cuando escuchan nuevas ideas.

Una de las cosas a favor de aprender acerca de los temperamentos es que esto quita la presión sobre nuestras expectativas con relación a otros. José, el flemático, empezó la mañana diciendo, "Ah, estoy seguro que éste va a ser otro terrible día". La colérica Carolina le respondió, "Bueno, si esa es su actitud, no se sentirá defraudado".

Oblíguelos a que tomen decisiones. Los flemáticos son capaces de tomar decisiones, pero casi siempre toman el camino de menor resistencia permitiendo que otros escojan lo que deben hacer y cuándo hacerlo. Puesto que ellos tienden a evitar cualquier cosa que les conduzca a una controversia, prefieren no tomar sus propias decisiones. En una relación social, el hecho de permanecer siempre neutral es una posición que no ofende a nadie; y con frecuencia es algo bienvenido. Sin embargo, en la situaciones de la vida es importante que los flemáticos por lo menos tomen algunas de las decisiones.

Cuando hay que tratar con niños pequeños, no acepte el canto de "No interesa," sino oblíguelos para que vean los lados del asunto y luego que tomen una decisión, aun si en realidad *no les interesa.* Explíqueles lo importante que les será más tarde en la vida ser capaces de evaluar claramente las circunstancias y tomar decisiones.

En una situación entre esposos, el flemático tiene que ser forzado a que por lo menos tome parte en la discusión familiar y que ayude a resolver los asuntos. Si usted es una persona con opiniones fuertes, debe permitir que el flemático controle algunas áreas sin que usted tenga que intervenir. Con frecuencia la razón por la cual el flemático no toma una decisión es que sabe que la otra persona de todas maneras lo hará a su manera. Para contribuir a que una persona sea decisiva, usted debe darle los medios y vivir con las consecuencias. Hacer esto es algo muy difícil para el colérico, porque instantáneamente se da cuenta de lo que está mal y querrá intervenir inmediatamente para corregir la situación. Después que el colérico haya intervenido varias veces, el compañero flemático renunciará a cualquier posibilidad de tomar liderazgo en la familia.

No eche toda la culpa sobre ellos. Como los flemáticos son tan quietos y aceptan el status quo, se convierten en fácil blanco de personas con temperamentos más fuertes que quieren echar la culpa sobre alguien. He observado situaciones donde el colérico ha tomado una decisión apresurada, con resultados desastrosos y luego ha echado la culpa al primer flemático que encontró. Tome nota de este punto y dese cuenta si usted ha echado la culpa sobre otros.

Una señora flemática me dijo que su esposo había insistido que ella escogiera el tipo de perro para la familia y luego todas las veces que el perro hacía algo malo le echaba la culpa a ella. Aunque los flemáticos pueden llegar a aceptar todo lo que se coloque sobre ellos, esta táctica rebaja su propia imagen y hace que ellos rehuyan a las relaciones con usted y los aleja de tomar cualquier responsabilidad en el futuro.

Si usted usa al flemático como si fuera una cabeza de turco, puede ser que mañana el pierda su cabeza.

Anímelos para que tomen responsabilidades. Los sanguíneos tienen que evitar aceptar demasiadas presidencias porque pueden abarcar demasiado y los coléricos tienen que evitar tomar control de todas las situaciones. Los flemáticos, sin embargo, evitan estar a cargo de cualquier cosa, aunque tengan la habilidad administrativa y le vaya bien con todos. A causa de sus capacidades de liderazgo conciliatorio, ellos deben ser animados para que acepten responsabilidades. Son excelentes ejecutivos y sin embargo, tienden a rechazar ascensos en su trabajo porque a lo mejor otros les han hecho sentir inadecuados. No quieren que los dejen solos en una situación difícil.

No acepte cuando dicen *no* la primera vez, sino persista en mostrarles la confianza que usted tiene en sus habilidades para dirigir. ¿Qué mejor director, presidente, o líder puede usted tener que uno con quien es fácil tratar, uno que no toma decisiones apresurados y uno que puede mediar eficazmente en problemas interpersonales?

Aprecie la disposición tranquila del flemático.

¿Quiere llevarse bien con los demás? El ser amable le dará éxito.

Las palabras dulces son un panal de miel: endulzan el ánimo y dan nuevas fuerzas.
                                        Proverbios 16:24 Dios Habla Hoy.

Parte V

EL PODER DE LA PERSONALIDAD

Una Fuente de Fortaleza para
Conseguir Nuestro Potencial

17

Personalidad más Poder Produce Personas Positivas

Al empezar este libro, nos preguntamos por qué muchos cursos orientados al mejoramiento personal parecen no dar ningún resultado; nos preguntamos también por qué los cambios no duran. La primera respuesta a este problema es que la mayoría de los programas no toman en cuenta las diferencias de temperamentos. Estos cursos tienden a ser enseñados por coléricos y dirigidos a coléricos. Ahora que entendemos los temperamentos, sabemos por qué a los coléricos les gusta dirigir y sabemos también lo rápido que se embarcan en nuevos propósitos y planes y se dedican con todas sus fuerzas a demostrarse a sí mismos que pueden lograr su meta. Ese tipo de personas se motivan instantáneamente hacia la acción tan pronto como pueden vislumbrar algunos beneficios para sí mismos.

La persona con un temperamento colérico/melancólico tendrá la habilidad para apuntar hacia la meta y trazar pasos específicos para lograrlo, ¿pero qué sucede con las personas de otros temperamentos cuando se les presenta por primera vez el material?

El *sanguíneo* se entusiasma de la posibilidad de organizar su vida. Tiene visiones de grandeza y sinceramente quiere mejorar, pero parece como si nunca tuviera tiempo para empezar y cuando lo hace ha perdido los materiales.

El *melancólico* quien tiene muchos rasgos flemáticos en su temperamento tomará nota y analizará lo que se le ofrece. Puede ser que estudie los conceptos y evalúe los méritos. Puede ser que tome unas partes prácticas del programa, pero hacerle frente a una revisión general eso sería deprimente.

El *flemático*, si ve algunos pocos pasos fáciles que le pueden ser útiles, puede ser que tome una dirección positiva, pero es probable que una vista general del seminario le apabulle y sencillamente le parezca "demasiado trabajo".

Liberados de culpa. Mientras que he estado enseñando acerca de los temperamentos durante varios años, he visto muchas personas liberadas de culpa cuando se dan cuenta que ellos no reaccionan en lo que se llama la manera normal a un material que debiera motivarlos. El sanguíneo necesita organizarse, pero no sentirse culpable de que no puede organizar toda su vida en carpetas de manila. El melancólico necesita aflojarse un poco y ser más extrovertido y no sentirse culpable si de la noche a la mañana no se convierte en un Bob Hope. Por otra parte el flemático debe aumentar su motivación y empezar a moverse, sin necesidad de sentirse culpable por no sentirse invadido por olas de entusiasmo.

El colérico aceptará lo que le sea de beneficio y desechará el resto sin sentirse culpable en lo más mínimo, pero por otra parte debe darse cuenta de los diferentes temperamentos y no molestar a los que no desempeñan su papel y siguen su dirección. La segunda razón por la que no obtenemos resultados permanentes aunque recibamos instrucciones precisas e inspiradoras, se debe al hecho que no tenemos el poder interior que nos conduzca a transformaciones sobrenaturales. Necesitamos energía *espiritual* y sin embargo la mayoría de nosotros no sabemos dónde encontrarla. Podemos intentar muchas cosas, donar dineros para los minusválidos o coser para los desvalidos o aun hacer viajes a las Himalayas en busca de esa energía y sin embargo después de todo no sentirnos diferentes interiormente.

En busca de energía espiritual. Mi esposo y yo después de haber perdido dos hijos que nacieron con problemas cerebrales, empe-

zamos a buscar respuestas a nuestras interrogaciones. Exterior-
mente parecíamos personas de éxito, sin embargo interiormente
nos sentíamos heridos. Empezamos la búsqueda de respuestas a
los interrogantes de la vida. Fred fue a la biblioteca en busca de
libros sobre temas religiosos y tratamos de encontrar una religión
que nos satisfaciera. Por ese tiempo no sabíamos todavía que la
religión y las denominaciones no pueden cambiar la vida de una
persona. Afortunadamente a cada uno de nosotros, en el transcurso
de un año en diferentes lugares, se nos presentó el hecho de que
Cristo es la fuente del cambio. "Y a todos los que le recibieron le
dio la potestad de ser hechos hijos de Dios, a los que creen en su
nombre" (Juan 1:12).

Necesitábamos *poder:* creímos en el Señor Jesús; y lo recibi-
mos en nuestro corazón. Luego Romanos 12:1,2 nos dio la
dirección:

> *...presentéis vuestros cuerpos en sacrificio vivo, santo, agradable
> a Dios, que es vuestro culto racional. Y no os conforméis a este
> siglo; sino transformaos por medio de la renovación de vuestro
> entendimiento, para que comprobéis (conoceréis) cuál sea la
> buena voluntad de Dios, agradable y perfecta.*

Presentéis vuestros cuerpos: todo nuestro ser, tiempo, mente,
alma, temperamento, fortalezas y debilidades. Diga, "Aquí está
Señor; todo es tuyo. Haz conmigo lo que quieras".

No os conforméis a este siglo: No debo pensar sólo en los placeres
de esta vida. Debo darme cuenta que las posesiones y el prestigio
son transitorias.

Transformaos por la renovación de vuestro entendimiento:
Hay esperanza. El Espíritu de Dios que vive en mí puede
reconstruir, animar y refrescar mi mente. *Luego* de que yo haya
presentado todo mi ser al señor; y cambiado mi propósito de vivir
en la carne a vivir guiado por el Espíritu; y permitido al Señor
renovar mi mente cansada – *luego conoceréis... Conoceréis una
palabra muy contundente. No hay muchas cosas en la vida de las
cuales podemos estar seguros. Suponer o esperar, ¿pero conocer?*

Sí, "Luego conoceréis cuál sea la buena voluntad de Dios,

agradable y perfecta".

"¿Quieres decir que puedo saber lo que es la voluntad de Dios para mi vida?".

Sí, usted puede saber la voluntad perfecta de Dios. Fred y yo empezamos a estudiar la Biblia y los temperamentos al mismo tiempo y nos maravillamos por la manera como se encajan. A la medida que estudiamos nuestros propios perfiles de personalidad, en vez de intentar cambiar uno al otro (como habíamos hecho durante quince años), encontramos mucho en la Biblia que nos animaba. En ningún lugar de la Biblia decía que yo era responsable por el comportamiento de Fred, o que él era el juez de mis acciones. En cambio encontramos instrucciones para examinarnos a nosotros mismos y no a las demás personas.

Gálatas 6:4 DHH	Cada uno debe juzgar su propia conducta...
1 Corintios 11:28 DHH	Cada uno debe examinar su propia conciencia...
2 Corintios 13:5 DHH	Examínense ustedes mismos ...
Salmo 26:1,2 DHH	Examíname, ¡ponme a prueba!, ¡pon a prueba mis pensamientos y mis sentimientos más profundos!
Salmo 139:23,24 DHH	Oh Dios, examíname, reconoce mi corazón; ponme a prueba, reconoce mis pensamientos; mira si voy por el camino del mal y guíame por el camino eterno.

Fred y yo empezamos a examinar nuestros corazones y analizarnos, usando el instrumento de los temperamentos. Cuando invitamos a otras parejas a nuestra casa y compartimos con ellos lo poquito que sabíamos, vimos ocurrir cambios en nosotros y en ellos.

Somos únicos. Aprendimos que Dios no nos hizo a todos iguales. Cada uno de nosotros es único. El apóstol Pablo dice que debemos examinarnos para descubrir cuáles son los dones que Dios nos ha dado y cuáles son las debilidades que el quiere que superemos con la ayuda del Espíritu Santo. Pablo nos compara a un cuerpo con Cristo como la cabeza y nosotros como los miembros:

Y por Cristo el cuerpo entero se ajusta y se liga bien mediante la unión entre sí de todas sus partes; y cuando cada parte funciona bien, todo va creciendo y desarrollándose en amor.

Efesios 4:16   Dios Habla Hoy

Dios nos hizo a cada uno diferente, para que podamos llevar a cabo nuestro propio rol. A otros nos creó como *pies* – para mover, administrar, cumplir, como el colérico. Algunos nos creó para ser *mentes* –para meditar, sentir, escribir, como el melancólico. Creó algunos para ser *manos* –para servir, suavizar, calmar, como el flemático. El hizo algunos para ser *bocas* – para hablar, enseñar, animar, como el sanguíneo.

Pero, Dios ha puesto cada parte del cuerpo en el sitio donde mejor le pareció.

1 Corintios 12:18

Dios hubiera podido hacernos a todos de temperamento *sanguíneo*. Nos divertiríamos pero haríamos muy poco.

Hubiera podido hacernos a todos de temperamento *melancólico*. Estaríamos organizados y ordenados pero no muy alegres.

Hubiera podido hacernos a todos de temperamento *colérico*. Estaríamos listos para liderar, pero tan impacientes que nadie nos seguiría.

Hubiera podido hacernos a todos de temperamento *flemático*. Viviríamos todos en paz y tranquilidad, pero sin mucho entusiasmo por la vida.

Necesitamos de cada temperamento para que el cuerpo funcione armoniosamente. Cada parte debe cumplir con su trabajo para unificar la acción y producir resultados armoniosos.

Las partes no son suficientes. ¿Y si cada parte está presente – todos cumpliendo su función – pero Cristo no está en control? ¿Si los sanguíneos están hablando, los melancólicos pensando, los coléricos trabajando y los flemáticos meditando, pero todos operando sin profundidad espiritual? No habrá unidad de propósito. No habrá ninguna coordinación en los resultados. Para que cada parte funcione como debe ser, necesitamos a Cristo en nuestras vidas.

Aprendí este principio de la personalidad por la experiencia que tuve con mis dos hijos que nacieron con problemas cerebrales. Ambos eran lindos. Tenían ojos azules, cabellos rubios, narices respingonas, barbillas con hoyuelas. Tenían todos sus miembros, pero no podían controlarlos. Tenían ojos pero no podían ver; manos pero no podían coger cosas; pies pero no podían caminar. Tenían una apariencia perfecta, pero como no tenían cerebro nada funcionaba.

Muchos de nosotros somos como mis hijos – lo de afuera parece perfecto, pero sin Cristo como nuestra cabeza, nada funciona bien. Pablo dice, "A fin de conocer a Cristo y el poder de su resurrección y la participación de sus padecimientos, llegando a ser semejante a él. . ." (Filipenses 3:10).

Su mejor amigo. ¿Alguna vez ha tenido un amigo a quien amaba tanto que quiso estar con él cada momento y llegar a conocerle mejor cada día? ¿Su vida ha sido iluminado con la presencia de él de tal manera que el solo estar con él le brindaba nuevas fuerzas? ¿El ha significado tanto para usted que ha estado listo a compartir sus problemas y hasta ser su sustituto en tiempos de pruebas? ¿Le ha observado tan de cerca y le ha seguido tanto que ha llegado a ser casi como El en su manera de ser? Esta es la clase de relación que Jesús quiere tener con usted. El quiere que usted llegue a conocerle mejor por la lectura de su Palabra y por hablar con El; El quiere que usted sienta Su Poder en su vida, para que pueda superar sus debilidades. El quiere que usted se dé cuenta que El sufrió, de la misma manera que usted sufre y El quiere que usted tome tiempo con El para que llegue a ser semejante a El.

Si quisiera ser semejante a El, propondría ampliar sus fortalezas y eliminar sus debilidades, porque Jesús tenía lo mejor de cada temperamento. El tenía el don de contar historias como el sanguíneo, la profundidad y sensibilidad del melancólico, la capacidad administrativa del colérico y la naturaleza tranquila y apacible del flemático.

Jesús vive hoy en el corazón de todos los creyentes, de manera que en la medida que usted pone en práctica su plan personal para mejorar su personalidad, esté seguro que está conectado a la fuente de *Poder* para que usted sea transformado. "Grandes cosas ha hecho Jehová con nosotros. . ." (Salmo 126:3).

PERSONALIDAD MAS PODER PRODUCE PERSONAS POSITIVAS.